진리의 길

안 보다르

김승철 · 최정아 옮김

東 文 選

진리의 길

Anne Baudart

Sur les Chemins de la Vérité

This edition was published by arrangement
with Librairie Arthème Fayard, Paris
through Bestun Korea Agency, Seoul

차 례

서 문

진리는 매우 다양한 양태에 따라 검토할 수 있는 개념이다. 철학과 과학——이론적이든 실천적이든——은 이러한 두 가지 접근만을 택한다 하더라도 종종 조화롭지 못하거나, 어렵사리 조화를 이루는 관점들에 따라 진리에 접근한다. 철학은 빈번하게 영원과 불변의 기도를 통해 활기를 띠고, 과학은 어제의 진리가 낡고 쓸모없으며 종종 오늘의 오류로 드러나는 것을 주시한다.

인간은 진리의 욕망에 사로잡힌다. 그러나 그는 종종 자신의 내면에서 단지 불확실성만을 발견할 뿐이다. 그것은 그가 의혹에 사로잡히기도 하고 자신을 불안하고도 혼란스럽게 만드는, 확실하지 못하거나 너무 변하기 쉬운 판단들을 따라야 하기 때문이다.

"피레네 산의 이쪽에서는 진리, 저쪽에서는 오류."[1] 파스칼은 한 유명한 격언에서 이렇게 지적했다. 이 격언은 수천 번 반복되었지만 언제나 현행의 문제이다. 지리학적 은유는 진리, 특히 법률——재판관에 의한 법의 해석——에 관련된 진리에 관한 관점들의 무한한 분산을 나타낸다.

---

1) 파스칼, 《팡세 *Pensées*》, nº 294, éd. Brunschvicg, Garnier, 1964.

"사람들은 기후가 바뀜에 따라서 성격이 변하지 않는 정의 혹은 불의를 전혀 볼 수 없다. 위도가 3도 올라가면 모든 법률이 뒤바뀐다. 지구의 자오선에 따라 진리가 결정된다."[2]

《팡세》의 작가에 따르면 덕성과 심성의 표현인 인간의 정의는 어떤 확실하고도 결정적인 진리도 바랄 수 없다. 따라서 감각과 기억 · 상상력 · 관습 · 자존심 · 교만 · 허영심 · 모순——대립의 연합——인간의 지식과 철학의 광기, 오락과 그 필연적 귀결인 권태와 불안에 이어 마지막 자리를 차지함으로써 정의는 '기만적인 세력'의 범주에 들어간다.

진리는 거기에 다가가려는 인간 쪽에서 지성을 통한 의심할 여지가 없는 것, 분명한 것, 명석 · 판명한 것, 사실임직하지 않은 것, 불투명성, 반이성, 모순의 영역을 벗어나거나 극도로 축소하기 위해 이성의 비판에 맞섰던 것에의 접근 용이성과 인식에 관련된다.

이처럼 진리는 논증의 적확성 · 일관성 · 정통성을 목표로 하는 일종의 정신 작업의 결실이요, 이성과 감각, 이성과 정서, 이성과 상상력, 또는 이성과 여론 · 편견 · 미신 등과 같은 종종 상반되는 세력들 사이에 있는 투쟁의 결실이다.

철학과 과학은 그 과정이 동일한 방식에서 나오지 않는다 하더라도 진리를 목표로 한다. 우리가 진리를 진리-적확성, 진리-일관성, 또는 진리-일치——정신과 사물 사이의 합치——

---

2) *Ibid.*

의 관점에서 다룬다면 진리는 인간 주체와 사유 대상——이러한 대상의 본성이 무엇이든——을 긴밀하게 연결시킨다.

그러나 진리는 또한 나중에 탐구할 풍부한 어원에 따라 우리가 인식하려는 존재 쪽에서도 파악——존재의 폭로로서——될수 있다.

고대 · 고전 · 현대의 사유와 언어의 관계에서 알레테이아(alétheia; 그리스어로 진리)의 개념에 관한 작업은 이러한 연구의 첫번째 축을 이룰 것이다. 이 그리스어는 여러 가지 이유로 과거와 같이 현재에도 성찰을 요하기도 하고 풍요롭게도 만드는 다양한 의미를 그 자체 속에 함유하고 있는 것처럼 보인다.

"사실 우리는 아무것도 모른다. 왜냐하면 진리는 우물 밑바닥에 숨겨져 있기 때문이다"[3]라는 데모크리토스의 문장은 여전히 현대적이다. 이 문장은 다양한 접근, 인간 경험과 사유의 다양화된 영역, 또한 '실재'를 가리키고 명석 · 판명하게 정의하는 것과 관련 있는 어떤 개념에 관한 탐구와 심화의 의지를 더욱 강화하도록 한다.

장 자크 루소는 《학예론》에서 자기 식으로 데모크리토스의 메아리를 들려 준다.

"따라서 우리는 진리가 숨어 있는 우물가에 붙어서 죽어야만 하

---

3) 데모크리토스, BCXVII, in 《소크라테스 이전 학파 Les Présocratiques》, édition établie par Jean-Paul Dumont, coll. 〈Bibilothèque de la Pléiade〉, Gal-Plimard, 1988.

는가? 이 유일한 성찰은 철학 연구를 통해 진지하게 배우려 하는 모든 인간에게 첫걸음부터 불쾌감을 불러일으킬 것임에 틀림없다."[4]

그리고는 이렇게 이어간다: "얼마나 위험한 일인가! 학문의 탐구에서 얼마나 잘못된 길인가? 진리에 도달하기 위해 진리가 유용하다는 것보다 몇천 배나 더 위험스런 오류, 얼마나 그 많은 오류들을 거치지 말아야 하는가? 불리한 건 명약관화하다. 왜냐하면 허위는 무수한 결합이 가능하기 때문이다. 그러나 진리는 단한 가지 존재 방식만을 갖는다. 더구나 진리를 진정으로 추구하는 자는 누구인가? 더할 수 없는 의지를 가졌더라도 그것을 확실히 인정하게 되는 것은 어떤 징후에서인가? 이런 상이한 감정들이 뒤섞인 가운데 그것을 잘 판단하기 위한 우리의 기준은 무엇인가? 그리고 우리가 다행히도 그것을 마침내 찾는다 하더라도, 가장 어려운 것은 누가 우리에게서 그것의 올바른 사용법을 알 수 있을 것인가?"

진리의 탐구에 계략이 없지는 않은 것 같다. 거기에서 생겨나는 발견들은 두려움, 망설임, 물러남, 끊임없는 모색이 뒤섞인 갈증, 인간을 사로잡는 진실에 대한 갈증을 얼마만큼 다르게 푸는가?

---

4) 장 자크 루소, 《학예론 *Discours sur les sciences et les arts*》, seconde partie, Garnier Flammarion, 1971, p.48.

I

진리의 원천에서

진리의 개념에 대한 검토 작업은 여러 가지 이유로 그리스어 연구를 필요로 한다. 이러한 연구는 원천적으로 개념과 은유, 다시 말해 추상적이고 일반적인 **관념**과 **모상**이 서로 밀접하게 얽히는 특별한 단어 하나를 예시한다. 라틴어 veritas와는 약간 다른 알레테이아(alétheia)는 의미의 풍부함과 다양성을 제공한다. 이러한 풍부함과 다양성이 고대 그리스와 고전 그리스를 거쳐 오기도 했고, 그 현대성은 이 단어의 가장 빼어난 구성 속에서만큼이나 그 기초 속에서도 오늘날 여전히 상속자로 남아 있다.

어원과 그 복합성에 대한 지나친 예찬에 빠지지 않는다면 성찰의 전초로서 이 단어의 다양한 의미에 관심을 갖는 것은 필요 불가결한 일인 것 같다. 이 단어의 가지들은 신화에서 그리스 시, 그리고 시간과 역사 속에서 우리와 보다 가까운 사유에 미친 영향들을 빠뜨리지 않는다면, 플라톤이나 아리스토텔레스의 보다 체계적으로 구성된 철학들과 마찬가지로 근원에 관한 철학으로까지 퍼져 나간다.

이러한 개념-문제는 형이상학과는 떼어 놓을 수 없다. 보다 앞서 실재의 본성을 밝히고 그 법칙의 항구성을 발굴하기도 하며,

정통성·엄격성·발견 또는 규칙의 비모순성을 지향하는 정신의 진전을 해명하고자 하는 학문·도덕·법률 또는 역사도 마찬가지이다. 이 문제는 문어와 구어의 형식, 시적이거나 개념적으로 보다 추상적인 언어 형식을 고려할 때면 더 이상 언어의 연구와 무관하지 않다.

단어의 유산

그리스어 명사 알레테이아는 먼저 오류나 거짓말과는 대조적으로 진리를 가리킨다. 또한 가장이나 외양과는 반대로 실재를 가리킨다. 동사의 어근 lanthanô는 '인식을 벗어나다' '숨겨진 채로 남아 있다'이거나 '존재하다'를 의미한다. 이것은 라틴어 동사 lateo(감춰져 있다, 숨다, 알려지지 않다)와 형용사 latens(숨겨진, 비밀스런, 신비한)에서 발견된다. 그것은 또한 '잊게 하다' '잊어버리다'를 의미한다. 가장 잘 알려진 파생어는 부사 lathra ('슬그머니' '은밀하게')와 명사 léthé('망각')이다.

형용사 a-léthés는 '감춰지지 않은'을 가리킨다. 사람에 대해 말할 때 그것은 '허위의(pseudés)'와는 대조적으로 '진실의' '솔직한' '올바른' '충실한'으로 번역되고, 사물에 대해 말할 때는 '거짓의'와는 대조적으로 '사실의'로나 '표면상의' '헛된'과는 대조적으로 '진짜의' '실재의'로 번역된다.

이처럼 알레테이아는 우선 인식과 존재의 범주와 밀접한 관계뿐만 아니라 실재의 폭로처럼 감각의 폭로와 언어의 범주, 마찬가지로 도덕성과 법의 범주를 가리킨다. 알레테이아는 환영, 위조물, 실재의 훼손된 모상들의 점진적인 탈신화화나 망각의 혼돈 속에 매몰되었던 것에서 표면으로 상승하는 것을 전제로 한다.

그것은 신화의 차원에서 사람들이 삶의 망각의 물을 마셨던 그 지옥의 장소, **레테**의 출구를 상징한다. 알레테이아는 베일을 벗은 어떤 풍부한 지식의 양식을 만들어 낸다. 이러한 양식은 본질적인 것, 진짜인 것, 진정으로 실재적인 것, 무지나 망각 속의 매몰로부터 구조되고 빠져나온 것을 알아보고 그런 쪽으로 점차 향하게 해준다.

그러나 알레테이아는 또한 가치의 범주, 당위-존재를 가리킨다. 예를 들면 진리——게다가 모든 진리——를 말해야 하고, 진리를 날조하고 훼손하거나 손상시키는 습관에 대항하여 싸워야 한다. 약속을 지켜야 하고, 그것을 실현시켜야 한다. 만들고 행동하는 것처럼 존재하고 인식하고 말하고 보고 아는 것이 이 단어 자체의 모암 속에 긴밀하게 얽혀 있는 것처럼 보인다.

《신통기》 속에서 제우스와 므네모시네의 딸들인 뮤즈의 여신들은 '존재하는 것, 존재할 것은 존재했다'에 관한 진리를 말할 것을 약속한다. 그들의 노랫말은 신성한 영감을 맛보고 다른 세계와 접촉하며, 그 세계를 보여 주도록 하는 최상의 유력한 권능에서 부여받았다. 여러 가지 이유로 헤시오도스의 시편은 진실한 말로 불멸의 신들과 그들 관계의 복잡한 이야기를 서술함으로써 시적이고 종교적인 **알레테이아**의 가장 오래된 재현을 전해 주는 것으로 간주되었다.

시인은 기억의 여신(므네모시네)의 딸들에게서 귀중한 유산을 받고, 그것을 후손에게 전달한다. "통치권의 관리자이거나 전쟁의 고상함에 대한 찬양자인 그는 언제나 '진리의 스승'이다." 그의 '진리'는 일종의 확언적 '진리'이다. 즉 아무도 그것을 논박하지 못하고, 아무도 그것을 증명하지 못한다. 우리의 전통적 개념과는 근본적으로 다른 '진리'인 **알레테이아**는 명제와 그 대상의 일치가 아니며, 더구나 다른 판단들과 한 가지 판단의 일치도 아니다. 그것은 '거짓말'과 대립되지 않는다. '허위'와 마주한 '진실'이 없다.

그래서 의미 있는 유일한 대립은 **알레테이아**와 **레테**의 대립이다. 이러한 사유의 수준에서 만일 이 시인이 진정으로 영감을 받았고 그의 언사가 투시력에 바탕을 두고 있다면, 그의 말은 '진리'와 동일시된다. 그는 보이지 않는 세계의 문을 열고 우리에게 근원적 계보를 보여 주며, 올림포스 산의 주민들에게서 보이는 특유한 사건들을 상술한다. 그는 **알레테이아**를 알고 보고 말한다. 이 예언자 또는 영감받은 시인은 다른 이들이 알지 못하는 어떤 실재를 구성하고 만들고 그 특유한 윤곽을 그리며, 그것을 말을 통해 생활 속에서 우연히 생겨나도록 한다.

《고대 그리스의 진리의 스승들》에서 마르셀 데티엔은 **알레테이아**라는 단어의 중요한 의미 변화뿐만 아니라, 아마도 심성의 변화에서 생겨난 대상의 변화를 밝힌다.

고대에 **알레테이아**는 **정의**(Dikè)와 마찬가지로 기억(Mnémo-syné)을 가리키고, 투시력(보이지 않는 것을 간파하고, 과거 · 현재 · 미래의 시간 총체를 파악하도록 하는 것)과 사물의 질서, 그 원리와 종말, 그리고 동시에 영혼의 구원을 가리킨다. '알레테이

아의 평원'의 비전에까지 오르는 것은 편력과 오류, 무지와 망각으로부터 보호해 준다.

플라톤은 신화를 매개로 '천상의 장소'를 규정하려고 노력할 때 《파이드로스》에서 이러한 개념의 상속자가 된다. 이때 이 장소는 진리가 있는 곳이고, 영혼——영혼이 자신 속에 갖고 있는 더 나은 것을 통해——은 그곳을 향해 접근하려 한다. 그래서 '진리의 평원'을 일별하는 것은 노력의 결실이요, 그 보상이다.

플라톤에 따르면, 이 지상의 어떤 시인도 찬가를 부를 수 없었던 이 장소와 정반대되는 장소는 《국가》에서 에에르 신화를 통해 환기된 '레테의 평원'이다. 그곳에는 숨 막히고 무시무시한 더위가 맹위를 떨치며 어떤 나무도, 어떤 식물도 자라지 않는다. 그곳에는 아멜레스 강이 흐르는데, 어떤 항아리에도 그 강물을 담을 수 없다. 각각의 영혼은 거기에서 한쪽에서는 절도를 가지고, 다른 한쪽에서는 한없이 갈증을 풀려고 한다. "마시자마자 모든 것을 잊어버린다."

알레테이아−레테는 플라톤 철학의 중심 짝이다. **상기**, 다시 말해 **레미니슨스**는 **알레테이아**의 해명, 변함 없고 영원한 존재의 응시, 그리고 영혼의 구원에 기여한다. 그러나 망각은 우리를 지식의 밤 속에, 진실의 무지 속에 빠뜨리고 필연적으로 자기 상실로 인도한다.

진리-여론(알레테이아-독사)──진리-정통성

그리하여 점차로 신화적 사유가 철학적 사유를 향해 천천히 미끄러져 가고, 모상에 묶여 있는 **알레테이아**의 신화적 힘은 점진적으로 논쟁·추론·반증으로 옮아간 어떤 합리적 개념으로 변한다. 사실상 철학은 진실의 길을 준비하고 의심의 여지없이 그 길을 가리키며, 점차로 거기에 접근하도록 하면서 '진리의 스승들'과 교대하려 한다. 예를 들면 파르메니데스의 《알레테이아》에서 합리적 특성을 지닌 대결에 관심을 갖는 그리스 최초의 '진리'를 볼 수 있고, 대화 속에서 그리고 대화를 통해서 형성되는 진리의, 어떤 객관적인 진리의 초벌 그림을 볼 수 있다.

시편의 프롤로그에서부터 **알레테이아**와 **여론**의 두 길이 묘사된다.

> 오라, 나 너에게 일러 주지 ── 내가 하는
> 말을 잘 기억하라 ── 그래서 탐구에 제공되는
> 유일하고도 이해할 수 있는 길이 어떤 것인가를.
> 첫번째 길, 다시 말해 있지 않을 수 없는 길,
> 그것은 확신의 길이고,
> 진리가 따른 믿을 만한 길이다.
> 두번째 길, 즉 있지 않고,
> 더구나 필연적으로 비존재가 존재하는 길.
> 내 너에게 확신컨대, 그곳은

불확실하고도 찾아갈 수도 없는 오솔길.

사실상 비존재(어떤 것에도 이르지 못하는 것)가

알 수 없는 채로 머물고

설명할 수 없는 채 남아 있다.[1]

존재는 존재하고, 비존재는 존재하지 않는다. 이것이 파르메니데스의 **알레테이아**이다.

죽음을 면할 수 없는 인간들의 **여론들**(Doxαi)은 생성자, 진정으로 존재하지 않는 것, 끊임없이 지나가고 변하는 것과 관련 있다. 여론은 이 이름에 값하는 어떤 인식도 가져다 주지 않고, 어떤 실재에 관해서도 알려 주지 않으며, 사리에 맞고 의사 소통이 가능한 어떠한 언어 속에도 유입되지 않는다. 그것은 낮에 비해 밤처럼 '조용히 순환하는' 진리와는 구별되고, 부정에 의해 더욱 강렬한 빛 속에서 그 진리를 보게 한다. 원은 완전성을 상징한다.

따라서 우리는 점차 파르메니데스의 예와 더불어 **알레테이아-레테**의 짝으로부터 **알레테이아-여론**——신들에게서 나오는 진리, 죽음을 면할 수 없는 인간들에게서 생기는 여론들——으로 넘어가고, 이어 **기만**(Apaté)에 둘러싸인 **알레테이아**로, 어둠과 밤이 가장자리를 둘러싸고 있는 빛으로 넘어간다. 한편으로는 진실 · 순수 · 단순, 다른 한편으로는 허위 · 거짓 · 불순과

---

1) 파르메니데스, B II, 《소크라테스 이전 학파 *Les Présocratiques*》, édition établie par Jean-Paul Dumont, coll. 〈Bibliothèque de la Pléiade〉, Gallimard, 1988, pp.257-258.

복합. 그러나 이것들은 의사(擬似)-양자택일의 극단들이며, 서로 마주 대하고 있는 것처럼 나타난다. 그래서 알레테스(aléthés)는 그 함정과 가짜 신기루를 경계하면서 한때 프슈데스(pseudés)와 병행한다.

시편은 원초적으로 제시된 두 개의 길 중에서 단지 말을 위한 유일한 길, '있는' 길만을 재빠르게 택한다. 그것은 다른 길, 비존재의 길을 거부한다.

> ……있거나 있지 않다.
> 그래서 부득이하게 통고된다,
> 생각될 수 없는 길을 포기해야 한다는 것,
> 사람들은 그 길을 명명할 수 없고(왜냐하면
> 그 길은 진리로까지 인도할 길이 아니기 때문이다)
> 그리고 다른 길을 진짜의,
> 실재의, 존재하는 길로 인정할 수 없다는 것이……[2]

존재의 진정한 단순성은 여론의 다양성보다 선호된다.

알레테이아는 분명 나누어질 수 없고 낳을 수 없으며 파괴될 수도 없는 **단일성** 쪽에 속한다. 아파테(Apaté)는 생성되고 소멸되며, 불완전하고 유동하는 복합성, 합성물에 속한다.

시편은 알레테이아가 아닌 것, 진실한 존재가 아닌 것, 그리고 적확하지는 않지만 원칙적으로 자칭할 수 없는 것에 관한 수

---

2) 파르메니데스, **B VIII**, *op. cit.*

많은 암시를 내포하고 있다.

동일한 수준에 관한 것처럼 두 방향을 평가해야만 했고, 최상의 방향, 유일하게 올바른 방향만이 더 많은 영예가 주어지기 위해 시험과 논쟁의 장으로 그들을 인도해야만 했던가? 이미 존재만이 진실하게 말할 수 있고, 비존재는 침묵에, 기호의 밤에, 의미의 불투명 속에 빠져 있어야 한다는 것을 주장하기 위해서 언어와 그 한계, 그리고 그 위력의 예민한 감각을 가지고 있어야 했다.

예언자들의 어조가 파르메니데스에게서 완전히 사라졌던 것이 아니라 오히려 그 반대이다. 그래서 그의 지식은 말하자면 대부분 접근할 수 없다. 그러나 알레테이아가 부주의하게 드러나지 않는다면, 반대로 그것을 말하기 위한 언어는 완강한 대립의 반론과 논리적 부조화의 모순에 호소하고 논쟁과 도발적인 반박을 드러내는 것을 두려워하지 않는다. 진리는 지상에서 형태와 몸체를 갖추기 위해 시험을 겪고, 인간의 논쟁에 노출되기 위해 하늘을 떠난다.

정확히 구분해야 하는 것은 이런 분출이다. 이러한 분출은 순간성 속에서가 아니라 인간 역사와 지속에서 힘들게 수태된다.

파르메니데스 시편의 연출——특히 수레를 탄 여행——과 서곡은 확실히 그 어휘를 참조하고, 종파와 단체의 종교적 테마를 참조한다. 철학자는 흔치 않은 어떤 **인식**의 계시를 받는 '진리의 스승' 처럼 거기에 나타난다. 그는 '사람들이 보통 접어드는 오솔길 밖에서'[3] 살아간다. 그러나 그의 예외적 신분이 그를 고립시킨다면, 그는 인간들의 말과 경험을 헤아려 보는 일조차

소홀하지 않은 채, 그가 성소에서 받았던 계시를 그들에게 넘겨주기 위해 그곳에서 지체 없이 나올 것이다.

진리는 원래 비은폐와 동시에 정통성(orthotès)이다. 플라톤의 《국가》에서 한 텍스트는 분명 모범적으로 두 가지 접근을 요약한다.

선의 관념은 선하고 아름다운 것에 속하는 모든 것의 원인이다. 보이는 **감각적인 것**의 원리인 이 관념은 또한 단지 정신에 의해서만 지각된 보이지 않는 것의 원리이다. 이것은 진리를 제공하고 지성을 연다. 그것은 아름다운 모든 것과 마찬가지로 정확한 모든 것의 원인이다. 플라톤에게 있어 진리——존재의 폭로로서 사유의 정통성으로서의 사유——와 관련한 두 가지 관점의 공존은 이 시론의 도입부에서부터 강조될 필요가 있다. 진실은 또한 정확함이다.

---

3) 파르메니데스, **B I**, *op. cit.*

II

진리, 선의 딸

플라톤에 따르면 진리의 문제는 단지 철학의 일부분이 아니라 철학 전체와 관련이 있다.

모든 것에서 **선**과 **절대**의 표현인 진리를 대상으로 삼는 것은 철학 활동의 궁극이고 그 **본질**이며, 그 존재 이유이다. 물론 '특별한 아름다움에 속하는' **선**은 진리를 초월한다. 그것은 인식(에피스테메)과 진리(알레테이아)를 낳고, 플라톤이 《국가》에서 주장하는 것처럼 "선은 그것들보다 훨씬 아름답다." 원인이자 원리인 선은 그들에게 존재의 가치와 존엄, 실존과 본질을 부여하고, 그 존재는 "권위와 **가능성**에 있어 본질을 훨씬 더 능가한다."[1]

소크라테스의 산파술과 플라톤의 대화법

플라톤의 **대화법**(dialektikè)은 특히 상호 보충적인 두 가지 수

---

1) 플라톤, 《국가 *La République*》, VI, 509a.

준에서 파악될 수 있다. 즉 소크라테스의 **산파술**——대화를 통해 정신을 분만시키는 기술——과 동일 노선에서 토론의 기술, 달리 말해 지식에 접근하는 방법인 대화법은 그 본질적인 사명이 진리를 드러내고, 진리를 망각의 그늘이나 무지의 다양한 형태의 베일에서 벗어나게 하며, 가까이 다가온 사람은 누구나 그곳으로 안내하는(지속적으로 그 접촉을 유지하는) 학문이다.

아마도 플라톤이 대화법에 부여한 이중의 의미 속에서 소크라테스의 영향을 보아야 할 것인데, 소크라테스는 사물의 진정한 실재를 이해하고 말하려는 목적에서나 개인과 공공의 삶 가운데 올바르게 나아가려는 목적에서 어떤 말의 조작술을 그에게 전수해 주었다.

소크라테스는 평생 동안 지혜·지식 또는 인식(이 세 단어는 그리스어 sophia에서 나왔다)에 있어서 불임성을 주장했다. 그는 많은 점에서 산파술(동사 maieuô에서 나온 maieia는 분만술·출산을 의미한다)과 유사한 아주 특별한 기술을 그 불임성에 근거를 두고 만들었다. 그는 사실상 여자들이 아니라 남자들을 분만시켰다. 그는 성찰(일종의 정신적 분만으로 간주된)이 '공허하고 거짓된 겉모습'을 낳는지, '삶과 진리의 열매'를 맺는지 구분한다.

"지혜 속에서 출산하는 것은 전혀 나의 능력에 있지 않다. 이미 여러 사람들이 나에게 치욕을 주었고, 나는 의문을 제기하는 다른 이들에게 어떤 주제에 관해서도 나의 개인적 견해를 피력하지 않으며, 그러한 원인이 내 자신의 지혜가 없다는 데 있다고 하는 비난은 진짜 비난이다. 진정한 원인은 여기에 있다. 다른 사람들을 분만하는 것(maieuesthai)은 신이 나에게 과했던 속박이다. 낳는 것은 신이 나에게서 떼어 놓았던 능력이다"[2]라고 《테아이테토스》에서 소크라테스는 토로한다.

소크라테스는 교리의 창시자, 자신의 지식과 발견물에 자랑스럽고 자만심에 넘쳐 있는 이론가로 나타나지 않는다. 그는 매우 겸손하게 이론적 인식이 아니라 기교나 기술 쪽에 자리잡는다. 그가 보유한다고 말하는 유일한 것은 부정을 통해 표현된다. 즉 그는 자신이 아무것도 모른다는 것을 안다. 신만이 알 뿐이다. "인간의 인식은 하찮은 것일 뿐만 아니라 아무것도 아니다"[3]라고 《소크라테스의 변명》에서 말한다. 지혜의 기준은 오히려 자신의 지식의 초라함이나 공허함을 의식하는 것이 아닌가?

소크라테스가 자신의 소송에서 보여 준 것은 바로 이와 같다. 진리 · 청렴 · 성실에 열중한 그는 중상모략을 못하게 하고, 그에 관해 떠도는 거짓의 허울을 벗기고자 한다. "나는 여러분에게 아무것도, 절대로 아무것도 숨기지 않습니다. 나는 아무것도 감추지 않습니다."[4] 그의 말의 유일한 증인이며, 그가 여러 번 간청하는 대상은 신이다. 그는 신에 대한 복종을 통해 자신의 삶을 철학에 바쳤고, 또한 죽음을 피하지 않았다. 게다가 그의 '신' 다이몬(daimôn)은 판결 시간에 나타나지 않았다. 신의 부재로 소

---

2) 플라톤, 《테아이테토스 *Théétète*》, 150c.
3) 플라톤, 《소크라테스의 변명 *Apologie de Socrate*》, 23a.
4) *Ibid.*, 24a.

크라테스는 죽음의 시간이 도래했다고 생각한다. 그는 그것을 받아들인다.

"사실 전혀 갖고 있지 않은 지식을 가진 것으로 여기는 것이 아니라면 죽음을 두려워한다는 것은 무엇입니까? 모르는 것을 안다고 상상하는 것은 아닐까요? 왜냐하면 결국 아무도 죽음이 무엇인지 모르고, 또한 혹시 죽음이 가장 선한 것일지도 모르기 때문입니다. 그런데 죽음이 가장 나쁜 것이라고 알고 있기나 한 것처럼 그것을 두려워합니다. 그런데 이것이야말로 가장 비난받을 만한 무지, 즉 모르는 것도 아는 체하는 무지가 아닙니까?

그런데 여러분, 나는 이런 점에서도 아마 다른 많은 사람들과는 다를 것이고, 따라서 만약 내가 어떤 점에서 다른 사람들보다 지혜가 있다고 말할 수 있다면, 나는 하데스(저승)에서 일어나는 일에 관해서는 잘 모르기 때문에 그대로 모른다고 생각하고 있다는 점입니다. 그러나 옳지 못한 일을 행하는 것, 그리고 신이든 사람이든 자기보다 더 선량한 자를 따르지 않는 것은 악하고 부끄러운 일이라는 것을 알고 있습니다. 그래서 나는 악하다고 알고 있는 그 악 대신에 선일는지도 모르는 것을 결코 두려워하거나 피하지 않을 것입니다."[5]

그는 자신에 관한 진리를 말하고, 침착함과 소박함, 특히 진솔함으로 인해 오만 속에서 우롱당했다고 스스로 느꼈을 재판

---

5) *Ibid.*, 29a–b.

관들에게 철학을 끌어들였던 이유들을 말하려고 애쓴다. 그는 그들 스스로를 발견하고 스스로를 인식하려는 데 접근했던 사람들을 도왔다. 자신의 이름을 떠올리는 것은 대화의 마지막에서 테아이테토스의 고백이 아닌가? 그는 자신이 몰랐거나 정확히 인식에 관해 알지 못했던 사실들을 발견했다. 그는 또한 인식이 공허하거나 불충분할 때 안다고 믿는 환상을 안다. 거기에서 그는 자신의 스승과 자신의 방법에 감사할 줄 안다.

소크라테스가 주목하는 것처럼 산파술은 가치 있는 것과 가치 없는 것, 본질적인 것과 부수적인 것을 선별할 줄 안다. 그것은 인식의 모든 가능성을 시험해 보고 그것이 가치가 있다면 이성으로 토대를 세우고, 반대의 경우에는 무용한 것으로 만드는 데 이용된다. 그것은 정의(定義)의 유효성을 검토하고, 필요하면 그것들을 하나하나 논박한다. 자신에게 그 기술의 권능을 부여한 신도 그러기를 바랐다. 이처럼 《테아이테토스》는 점차 인식이 감각도 아니고, 올바르고 이미 검증된 여론(orthè doxa)도 아니며 이성도 아니라는 것을 확립한다. 진정한 인식(épistémè)은 레미니슨스(réminiscence)이고, 관조된 관념을 회상하는 것이다. 이렇게 해서 플라톤은 소크라테스의 산파술의 방향을 바꾼다. 기술은 소크라테스가 보유하지 않았다고 말했던 지식을 준비한다. 방법의 풍부함은 입증되었다. 인식과 진리의 상대주의는 끝에 가서 궁지에 몰린다.

"내 기술의 힘은 더 멀리 나아가지 않는다. 그리고 나는 다른 사람들이 아는 것에 대해 전혀 모르고, 오늘날이든 옛날이든 이 모든 위대하고도 경이로운 정신들을 모른다. 그러나 나의 어머니처럼 나도 이 산파술을 신으로부터 부여받았다."[6]

《테아이테토스》의 마지막 말은 이전의 《소크라테스의 변명》에서와 마찬가지로 절도 있는 인간을 상기시킨다. 아니, 인간은 소피스트들이 확신하는 것과는 반대로 만물의 척도가 아니다. 아테네의 민주주의에 의해 기원전 399년에 사형을 선고받은 스승의 교훈에 충실한 플라톤이 여러 번 규정했던 것처럼, 오직 신만이 그러한 척도가 된다.

소크라테스는 최후의 진술에서 누군가의 말과 생명을 빼앗는다는 것이 아무것도 해결할 수 없다는 사실을 재판관들에게 보여 주고 싶어한다.

"만약 여러분이 사람을 죽임으로써 여러분의 생활이 옳지 못하다는 남의 책망을 막을 수 있으리라고 생각한다면, 그것은 훌륭한 생각이 못됩니다. 왜냐하면 그렇게 벗어나기란 결코 가능한 일도 아니려니와 훌륭하지도 못하고, 오히려 가장 훌륭하고 가장 쉬운 길은 남을 억누르기보다는 될 수 있는 데까지 스스로 선하도록 힘쓰게 하는 일이기 때문입니다."[7]

이 '진리의 순교자'는 그의 가까운 사람들에게 선과 정의의

---

6) 플라톤, 《테아이테토스 *Théétète*》, 210c.
7) 플라톤, 《소크라테스의 변명 *Apologie de Socrate*》, 39d.

가치들을 옹호하려는 취지에서 자신의 기억을 존중하고 섬기려는 욕망을 불러일으킬 줄 알았고, 또한 대화와 결합된 글쓰기를 이용함으로써 교육적인 말과 삶의 작업을 계속하고, 더욱더 멀리로 밀고 나가려는 욕망을 불러일으킬 줄 알았다.

선(線)과 동굴의 알레고리

인식의 진리는 존재의 진리와 마찬가지로 **선**(善)의 관념 속에서 그 방향과 근거를 갖는다. 플라톤 철학에서 태양의 모상은 **관념적인 것**에 비해 감각적인 것에 속하는 계열의 특성을 나타낸다. 태양은 단호하게 '결실, 후손' '**선**의 아들'로 불린다. 이처럼 원리와 그 파생물 사이의 유사성이 강조된다.

자기 창조자와 닮은 데서 생겨난 태양은 "보이는 세계에서 시각과 보이는 대상과 관련되고, 관념적인 세계에서 선(善)이라는 것은 지성과 관념적인 대상들과 관련 있다."[8] 감각적인 존재와 빛의 원리인 태양은 관념적인 존재와 빛을 가장 닮은 **모상**이다.

그러나 플라톤은 어려움에 기만되지 않는다. 모상은 **전형**이 아니지만 그것을 지칭하고, 가능한 한 그것을 참조해야 한다. 또한 만약 모상에 주의하지 않고서 파생된 그 본성을 망각한다면, 그 모상은 진정한 실재로부터 우회하고 그것을 감추거나 격리되거나 변형될 수 있다. 예를 들면 소크라테스는 토코스(tokos)

---

8) 플라톤, 《국가 *La République*》, VI, 508c.

──생산, 산물, 아이의 출생, 후손──의 은유에 내기를 건다. 이 단어는 그리스어의 미묘한 의미들을 수반하면서 돈, 자본의 수익, 달리 말해 소득을 의미한다. "이 선 자체의 과일, 이 자손을 받아 주게. 그러나 내가 자네들에게 잘못 계산된 이자를 되돌려 줌으로써 본의 아니게 자네들을 속이는 것을 조심하게나."[9] 파생과 그 원천, 모상과 전형, 감각적인 것과 관념적인 것, 항상 가능하기도 하고 잠재적인 혼동에 대한 경계. 속임수, 날조, 거짓말, 허위의 또 다른 이름인 위조의 위험에 대한 경계.

보이는 것은 그 발현에 있어서처럼 그 본질에 있어서도 보이지 않는 것에 의존한다. 존재는 보이는 것만을 통해 표상되고 생성의 변천에 뒤섞인다. 존재의 일부는 보이는 것을 통해 다수에 종속되고, 감각적 형태들의 현란한 다양성 속에서 그리고 그것을 통해서 보여지며, 종종 그들의 그림자와 반영에 의해 드러난다. 그 존재는 부패처럼 변질의 위험이 있다. 탄생하는 모든 것은 부패(phtora)를 면할 수 없지 않은가? 그러나 동시에 관념적인 것을 인식하거나 모상의 중개를 거치지 않고서 어떻게 거기에 다가갈 수 있으며, 점진적으로 조금씩 불완전하고 굴절되기도 한 근원의 비전에 어떻게 도달할 수 있는가?

《국가》의 두 가지 중심 텍스트──한쪽은 수학적 유추의 방식을 취하고, 다른 한쪽은 알레고리의 방식을 따른──는 **진리**, 그리고 **선**에 접근하는 길, 그것들의 빛에 눈을 뜨는 방법을 보여준다.

---

9) *Ibid.*, VI, 507a.

플라톤은 존재의 네 가지 종류를 보여 준다. 모상, 감각적인 대상, 수학적 모상, 관념적인 대상이 그것이다. 또한 추측(eikasia) 또는 혼란스러운 표상, **믿음** 또는 신념(pistis), **추론적 인식**(dia-noia), 지성(noêsis)이라는 네 가지 정신 작용 또는 인식의 종류를 보여 준다.

보이는 것과 보이지 않는 것, 시각 기관——일종의 육체의 태양——과 정신——영혼의 태양——사이에 형성된 유추들로 되어 있는 책 6권의 종결부는 점차 감각적이고 지적인 인식을 연마하며 '모상'의 영역——재현물의 그림자나 환영——으로부터 인간의 기술에 의해 분명히 지각되었거나 만들어진 '대상들'의 영역으로 이동할 가능성을 입증한다.

플라톤은 선분으로 나누어진 하나의 기하학 선을 만든다. 볼 수 있는 것에 바탕을 둔 선의 첫번째 선분은, 그 첫번째 단면에서 볼 수 있는 유(類)를 '진짜와 가짜'로 나눈다. 게다가 '모상'의 위상은 '여론'(독사)의 위상이 '인식'(에피스테메)에 대하여 그런 것처럼 가치에 있어 '대상'의 위상보다 열등하다. 두번째 선분은 첫번째 절단면에서 수학적 '모상'——수나 도형——과 기하학이나 산술의 가설 연역적 방식과 관련된다. 그것은 기초적 가설의 불확실성과 애매성 때문에 아마도 달리 부르는 것이 더 적합할 '인식'과 마찬가지로 이러한 '모상-대상'의 열등성을 드러낸다. 선분의 마지막 단면은 순전히 관념적인 '대상'을 가리키거나, 본질 그 자체를 넘어서 '무가설적인 원리'나 무조건의 원리의 조망을 통해 영광을 얻은 극점, 그리고 철학적·대화법적 방식의 매혹적인 극점인 '관념'을 가리킨다.

"선의 이데아는 인식과 진리의 원리이기 때문에…… 그것들과는 구별되고, 아름다움에 있어서 그것들을 능가한다네. 인식과 진리가 서로서로 선을 닮았다고 생각하는 것은 옳은 일이지만, 그 둘이 바로 선이라고 생각하는 것은 잘못이네. 선의 본성은 매우 귀중한 것으로 간주되어야 한다네. 그 아름다움은 모든 표현을 초월한다네."[10]

상승 대화법의 순서는 감각적인 것에서 관념적인 것으로, 어둠에서 빛으로 나아간다. 하강 대화법은 그 역으로 진행된다. 비례 이론, 감각적인 것과 관념적인 것의 유추에 바탕을 둔 수학 도식을 사용하고 있는 한 텍스트의 말미에서, 그 연구나 분석 영역이 무엇이든 플라톤 철학 법칙 그 자체가 말할 수 있을 하나의 법칙이 도출된다. "대상들은 진리(alétheias metexein)를 공유하면 할수록 더욱더 빛난다." 빛의 은유는 절대와 거기에서 나오는 것, 즉 진리와 인식의 특성을 나타낸다.

동굴의 알레고리——《국가》의 7권에서——는 수학 선의 유추를 완성한다. 이 알레고리는 외견상 보다 쉽게 이해되고, 기교를 부리지 않으며 보다 대중적인 표현 방식을 이용한다. 게다가 여기에서는 지적이고도 윤리적 · 정치적인 메시지를 전해 준다. 이 알레고리는 사실상 영혼이 육체의 부담에서 벗어나 있고, 순수한 **이데아**와 **절대**를 한가하게 관조할 때 획득된 그 영혼의 본래 지식을 종종 모르거나 특히 망각해 버리고, 자신도 모르는 사

---

10) *Ibid.*, **VI**, 509a.

이에 자신의 인습에 사로잡혀 있는 감각의 동굴에 갇힌 죄수들이 갖는 우리들의 조건을 연출한다. 이 알레고리는 진정한 실재와는 거리가 먼, 따라서 필연적으로 망설이고 실수하고 진실과 거짓, 헛된 것과 실재적인 것을 구별하지 못하게 된 우리들의 존재 · 인식 · 행동의 방식에 관해 플라톤이 우리에게 제공했던 명철의 교훈인가?

그러나 소외되어 있고 자신들의 결핍에 예속되어 있으며, 자신들의 결함을 의식하지 못하는 죄수들은 스스로 지식이 풍부하다고 생각한다. 그들은 어린 시절부터 '다리와 목이 사슬에 묶인 채' 바라보았던 동굴의 암벽 위에 투영된 그림자를 실재 대상으로 착각한다. 그들 뒤에는 빛이 있는 동굴 입구, 언덕 위에 피워진 불, 불과 죄수들 사이의 길, 이 길을 따라 있는 작은 벽 등이 있고, 이 벽 위로는 메아리로 다가오는 목소리의 '그림자들'과 암벽 위에 그려지는 그 그림자들의 모습 및 형태들이 어렴풋이 지각된다.

이러한 예속과 고착, 무지, 그들 자신을 자각하지 못하는 침체와 혼란의 장소에서 빠져나오지 못한다면, 그리고 낮의 빛을 전혀 지각하지 못하고 태양의 진정한 열기를 결코 느끼지 못한다면 실재적인 것과 상상적인 것, 진실한 것과 허구적인 것, 대상과 그 투영, 대상과 그 모조품을 어떻게 생각할 수 있는가?

어떻게 빛의 원천과 그 창백하고도 아득한 반영을 구별할 수 있는가? 알지 못한다는 것을 어떻게 알 수 있으며, 진리라고 믿는 것이 오류나 착각이라는 것을 어떻게 발견할 것인가? 동굴의 알레고리는 의사(擬似) 지식(pseudo-savoir)의 유혹, 다시 말해 특히 남과 주변의 일들에 대해서와 마찬가지로 자신에게나 자기 자신에 관해서 착각을 일으키는 사람에 대한 설득력을 보여 준다.

선·진실·정의·미의 인식인 플라톤의 대화법은 정신을 진정한 지성의 조국으로 인도한다. 플라톤은 끊임없이 자기 속에 있는 신과 자기 인식을 권고하는 소크라테스의 예를 기준으로 삼았다. 그는 그 예를 끊임없이 들면서 대화의 중심에 놓는다.

토론의 기술은 대중적인 발언을 직업으로 삼는 사람들이 사용했던 환심 사는 법의 관습적인 무기인 설득이나 유혹을 목적으로 삼지 말아야 한다. 토론은 지나치게 재검토하려는 성향을 보여서는 안 되고, 회의론을 생성하고 유지해서도 안 된다. 반대로 그것은 진리를 추구하고 그 합당성으로 다른 사람들을 납득시켜야 한다. 따라서 우리는 아무렇게나 토론할 수 없다. 무슨 권리로 진리를 아는 사람이 여전히 자신들의 무지를 모르는 사람들에게 격렬한 토론으로 타격을 주어야 한단 말인가? 그래서 그가 어떤 신뢰를 가질 것인가?

플라톤은 동굴의 알레고리에서 중개나 과도기적 단계를 고려하지 않은 강요된 교육을 경계한다. 그는 그것이 황폐하고 별로 진실하지도 않다는 것을 안다.

동굴의 암벽 위에 비친 그림자나 반영들밖에 보지 못했던 사람을 강제로 태양빛을 향해 이끄는 것이 무슨 소용이 있단 말인가? 오히려 그를 점차로 밤중에 별들을 지각하게 하고, 가만히 자신의 시선을 돌리는 데 익숙하게 만들어 그 변화를 가져오도록 해주어야 한다.

"그가 가장 쉽게 볼 수 있는 것은 그림자이고, 다음으로는 물에 비친 인간이나 그밖에 다른 것의 영상이며, 그 뒤에는 그 실물일세. 그 다음에는 하늘에 있는 것이라든가 하늘 그 자체로 눈을 돌리게 되는데, 그러기 위해서는 우선 밤에 달빛이나 별빛을 보는 것이 낮에 태양이나 그 빛을 보기보다는 편할 걸세. 그렇게 해서 그는 있는 그대로의 태양을 바라보고 관조할 수 있을 것인데, 그 태양은 물 위나 어떤 다른 지점에 비친 그 영상이 아니라 바로 자기 자리에 있는 태양 그 자체이네."[11]

인식을 향한 오르막길은 험난하고 가파르며, 지성에 대해서와 같이 행동에 대한 그 영향도 중요하다. 해방된 죄수들이 이전의 오류를 이해하기에 이르고, 상승 대화법의 단계를 건너기 위해 고통을 겪어야 했던 것과 마찬가지로 그들은 스스로 발견한 과일들을 그들의 육체적·정신적 장소에 머물렀던 옛 동료 죄수들과 공유하기 위해 동굴로 귀환하는 하강 과정에서 다시 한 번 고통을 느껴야 할 것이다. 조소와 온갖 비난의 대상이 되었던 그들은 다른 사람들이 그림자에서 빛으로, 감각적인 것에서 관념적인 것으로, 여론의 방황에서 인식의 진리로, 어렵지만 유용한 이동을 할 수 있도록 돕기 위해 올바른 어조와 적합한 방식을 찾아야만 할 것이다. 하강 대화법의 구조를 따르면 선의 수학적 상징을 사용하는 텍스트와 완전히 일치하여 "인식의 첫번째 부분은 에피스테메(épistémè)라 불리고, 두번째는 추론적 사고(dianoia),

---

11) *Ibid.*, VII, 516a-b.

세번째는 신념(pistis), 네번째는 추측(eikasia)이라 불린다. 그리고 뒤의 둘을 합쳐서 여론(doxa), 앞의 두 부분을 합쳐서 지성(noêsis)이라 부를 [생각이네.] 그런데 여론은 생성(genesis)에 관계되고, 지성은 본질(ousia)에 관계된다네."[12]

알레고리는 점차로 소크라테스를 통해 해독된다. 동굴은 보이는 세계와 동일시되고, 불빛은 태양의 효과와 동일시된다. 최상의 세계에 오르는 것은 관념적인 것과 그 꼭대기를 향한 오르막길, 다시 말해 선하고 아름다운 것에 속하는 모든 것의 '보편적 원인'인 선의 관념과 동일시된다. 빛과 그 빛의 분배자의 감각적인 세계 속에서 생산자인 그러한 관념은 진리와 인식의 관념적이고도 분배하는 세계 속에서 지배자이다.

"개인의 삶 속에서든 공공의 삶 속에서든 지혜롭게 자신을 인도하기 위해 그것을 보아야(idein)만 한다." 존재와 인식의 끝까지 가라는 명령은 분명하다. 그것은 모두——남자와 여자——에게 관련되고, 일단 세심하게 재능의 선택이 이루어지면 이론상 제한이 없다. 이후에 모든 것은 교육, 이 교육의 성공이나 실패에 근거를 둘 것이다. 추억의 소생이 수반된 선의 접근과 마찬가지로 진실의 접근은 거기에 의존할 것이다.

소크라테스에 이어 플라톤이 거기에 부여하는 의미에서 철학적 대화법은 본질적으로 당시에 유행했던 웅변술과는 구별된다. 예를 들면 그것은 적을 지배하기 위해 소피스트들이 실천한 논리적 궤변을 조작하는 기술인 **논쟁술**(éristikè)과는 혼동될 수

---

12) *Ibid.*, VII, 534*a*.

없다.

플라톤이 사용한 토론의 기술은 그 자체로 목적을 갖고 있지 않고, 순간의 명령이나 이해 타산, 술책과 거짓말을 부리는 요술, 가짜 신들에게 **권세**와 **영광**을 바치는 술책에 예속되어 있지 않다. 오류를 수정하고 정화한 진리에 접근하는 방법인 대화법은 진전 과정의 단계들을 존중함으로써 영혼이 감각적인 외양에서 진정한 관념적인 실재에 도달할 수 있도록 한다. 그것은 보이는 것과 보이지 않는 것, 변화하는 것과 변하지 않는 것이라는 이중의 본성 속에서 존재를 포착한다. 무엇보다도 자연과 인간의 생성 속에 잠겨 있던 그것은 조금씩 **본질**에 이어 본질의 너머로 나아간다.

토론은 직관과 관조로 완성된다.

"대화법만이 계속해서 가설들을 거부함으로써 결론을 확고하게 내리기 위해 원리 그 자체로 나아가는 유일한 방법이고, 진정으로 거친 진창에 묻혀 있는 영혼의 눈을 서서히 일으켜 위로 이끌어 가는 유일한 방법이네……. 그것은 인식의 꼭대기이고, 꼭대기 장식이어서 이 위에 다른 것을 놓는 것은 옳지 못할 것이네."[13]

플라톤의 대화법은 특히 《파르메니데스》 《소피스테스》 《필레보스》 《티마이오스》에서 존재와 비존재, 동일자와 타자의 관계와 관여의 철학을 더욱더 밝혀낸다. 그것은 거기에서 분명 인식

---

13) *Ibid.*, Ⅶ, 533d~535a.

과 마찬가지로 방법의 가장 아름다운 전형을 제공하고, 더욱더 복잡하고도 풍요로운 진리의 길로 향한다.

통합과 분석의 비전, '수많은 곳으로 분산된' 것을 다시 모으는 능력, 파괴하지 않고도 '자연적인 결합을 관찰함으로써 종류별로 세분하는' 능력은 이처럼 대화론자에게서 결합된다. 《파이드로스》에서 이 대화론자는 고기를 잘게 자르는 사람이나 푸주한과 동일시된다. 다른 곳에서와 같이 거기에서도 잘게 자르는 기술에 있어서 유능하고 무능한 기술자들이 있다. 어떤 사람들은 자연의 질서를 존중하고, 또 어떤 사람들은 그것을 변질시키거나 심지어 침해하려고 애쓴다. 이런 정신의 보충 훈련에 대해 실재의 능력과 실재의 재능을 보여 주는 사람들을 어떻게 선택하고, 어떻게 교육할 것인가?

교육, 기억과 영혼의 전환

"교육(paidéia)은 결코 사람들이 그렇다고 주장하는 것이 아니네. 그들은 맹인의 눈에 시력을 넣어 주는 것처럼 인식이 없는 영혼에 그 인식을 넣어 준다고 주장한다네."[14] 인간의 외부 지식을 이해하는 것이 문제가 아니라, 오히려 망각의 어둠 속에 파묻혀 있고 잠재적으로 현존하는 '기존의 것'처럼 자기 안에서 그 지식을 되찾는 것이 문제된다.

---

14) *Ibid.*, VII, 518c.

"사람들이 '배운다'고 지칭하는 것은 우리가 가진 어떤 지식을 되찾는 데 있는 것이 아닙니까? 그래서 틀림없이 우리는 거기에 '회상하다'라는 이름을 부여함으로써 올바른 명칭을 사용하는 것이 아니겠습니까?"라고 《파이돈》에서 시미아스는 소크라테스에게 묻는다. 제자는 비록 그가 논증에 동의하는 가운데서도 스승과 같은 수준에 이르지 못한다 하더라도 스승을 완전히 이해했다. 이처럼 회상(anamnèsis)이나 레미니슨스는 지식과 교육의 중추이다. 보편적 인식(mathèsis)은 레미니슨스이다. 우리는 미리 알았던 사실을 전혀 알지 못한다. 케베스는 이미 그것을 분명히 파악했고, 훌륭한 증거를 찾았다.

"누군가가 한 사람에게 묻습니다. 만일 질문이 잘되었다면, 그는 자기 자신으로부터 그것이 실제로 있는 것처럼 모든 것을 진술합니다. 그러나 만일 그가 자신에게서 인식(épistémè)과 올바른 판단을 찾지 못한다면, 그는 그렇게 할 수 없을 것입니다."[15]

《메논》은 여러 가지 이유로 그 훌륭한 예이다. 소크라테스에게 질문을 받은 메논의 노예는 누구도 그에게 가르쳐 준 적이 없는 기하학의 진리들을 스스로——그는 자기 자신의 재능에서 모든 것을 끌어내었다——찾아낼 줄 알았다. 이 경우에 가르치는 것은 영혼 속에 새롭게 새겨둘 어떤 것을 외부로부터 솟아나게 할 수 있는 데 있는 것이 아니라, 오히려 추억을 기억의 표면으로

---

15) 플라톤, 《파이돈 Phédon》, 73a.

가져가고 거기에 윤곽과 실체와 현존을 다시 부여하는 데 있다.

플라톤은 공개적으로 소피스트들에 대해 거리를 둔다. 《고르기아스》《메논》이나 《프로타고라스》에서 예증하듯이 그에게 있어 모든 것은 이론적이거나 실천적인, 지적이거나 도덕적인 덕성을 포함해서 교육의 재료이다.

《국가》는 영혼이 인식과 진리의 지각에 할당된 기관——영혼의 눈 또는 **누스**(noûs)——을 이용한다는 것을 상기시킨다. 육체의 눈이 점차로 빛을 지각하는 것을 배우듯이 영혼의 눈을 올바른 방향으로 돌려야 한다. 영혼의 눈 또한 점차로 **선**, 그리고 '존재의 시력과 존재의 가장 빛나는 부분의 시력을 유지할'(《국가》) 수 있게 되어야 한다. 이처럼 교육은 어떤 적용된 방법을 통해 이 기관을 다른 방향으로 돌려 놓는 기술, 다시 말해 영혼과 육체의 전환처럼 정의되었다.

게다가 인식의 단계적인 과정을 통해 대화법을 이용하여 조금씩 드러난 이론적 진리는 실천적 진리와 분리되지 않는다. 인식의 빛은 행위의 모든 방향을 이끌고 제공하며, 필요한 경우에는 그 방향을 바로잡는다. 오랜 세월의 느릿한 관조의 결실인 지혜는 필연적으로 행위에 미친 영향의 결과물들을 지닌다.

플라톤은 《국가》에서 그것을 끊임없이 반복했다. 정의——질서와 조화의 지식——라는 정치적 진리에 매혹된 통치자-철학자들은 다른 영향들을 형성할 의무가 있을 것이고, 공적인 선의 과업을 계속하기 위해 이러한 15년간의 이론 작업이 필요했을 것이다. 도시국가의 구원은 그것을 필요로 한다.

우리가 **선**을 인식한다면 자기를 위한 지식을 보존하고 싶어하고, 자기에 관한 숨겨진 부분이나 **유아론** 속에 갇혀 있다 하더라도 선이 가리키거나 암시하는 길과는 또 다른 길을 따라가려는 것은 합당하지 못한 일일 것이다. 플라톤 철학에서 일관성은 완전하다. **선**을 확실히 보는 것은 그것을 수행하고, 그것을 현재 여기서 이용하며, 다른 사람들에게 그것을 장려하도록 돕는 것과 같다. 다르게 행동하게 될 사람들은 단지 인식의 착각만을 갖게 될 것이고, 진실 위로 눈길을 보내는 대신 일부가 삭제되어 버린 그림자나 영상 위로 그들의 시선을 가져갈 것인데, 그런 점에서 그 그림자나 영상은 그들의 무지만큼이나 혼란의 희생물이고 노리개이다. 이처럼 플라톤은 감각 세계 속에 필요한 창립, 가시성, 교육을 통한 타인과의 의사 소통, 공공 단체를 내포하는 진리의——이중화된 윤리학과 미학의, 게다가 '관능성'의—— 정치학을 확립한다.

다른 영역에서 **미**와 거기로 인도하는 사랑(에로스)으로 향한 《향연》은, 만티네이아에서 온 디오티마의 입을 통해 완벽한 입문의 단계들을 보여 준다. 사랑의 끝은 **미**를 드러내는 것이 아닌가? 우리는 계단을 점진적으로 건넘으로써 거기에 도달하거나 적어도 접근한다.

"단 하나의 아름다운 육체에서 두 육체로, 둘에서 모든 육체로, 그리고는 아름다운 육체들에서 아름다운 활동들로, 이어서 활동에서 아름다운 학문으로 나아갑니다. 그리하여 이러한 학문에서 출발해서 결국 내가 말했던 그러한 인식, 다시 말해 그 인식 가운데서 내가 말하는 아름다움만을 갖는 인식에 이르고, 마침내 미

자체를 알 수 있게 됩니다."[16]

사랑 교육의 4단계는 다음과 같다. 육체의 아름다움, 도덕적 아름다움, 지혜의 아름다움, 절대적 美의 인식. 이것은 모상에서 감각적 대상으로 이동하고, 감각적 대상에서 혼합이 없는 순수한 관념적인 대상으로 이동하는 것과 관련된다. 美의 순수한 형태에 대한 관조는 진리를 향한 한 가지 길――방법――에 불과한 사랑의 진리이다.

그리고 소크라테스는 알키비아데스를 위해 다음과 같이 덧붙였다. "사유의 눈은 시력이 그 날카로움을 상실하기 시작할 때서야 예리한 시선을 갖기 시작한다."[17] 진리 교육은 고행과 육체와 같이 정신의 순화――카타르시스(katharsis)――자기의 근본적인 변화, 주의와 기억의 계속적인 작업, 시선과 지성의 전환, 행동과 마찬가지로 담론의 새로운 방향 설정을 필요로 한다.

소크라테스의 사랑받는 제자 알키비아데스는 정치인으로서, 실제 이야기에서는 스승의 가르침과는 거의 어울리지 않는 것으로 나타났다. 그는 끊임없이 그 가르침을 배반했을 뿐 아니라 그 것을 자랑으로 여긴 것이 틀림없었다. 그럼에도 불구하고 플라톤은 아테네와 펠로폰네소스 전쟁의 역사에서 그 흔적을 남겼던 인물과는 반대되는 허구적 인물을 만들고 싶어한다.

《알키비아데스》라는 작품에서 대화는 자기 인식, 다시 말해 자

---

16) 플라톤, 《향연 Le Banquet》, 211c.
17) Ibid., 218e-219a.

기 영혼의 진리 교육 과정을 보여 준다. 육체는 시간의 변천에 따르고 변화하는 노화와 죽음을 지닌 것에 속한다. 영혼은 인간의 중심, 본래 신성의 거울인 자신의 존재를 가리킨다. "자신의 육체를 돌보는 사람은 자기 자신이 아니라 자기에게 있는 것을 보살핀다."[18] 소크라테스는 청년에게 진실한 사랑을 증명해 보이고 설명한다. 왜냐하면 그의 관심은 퇴화와 육체적 변질의 법칙에서 완전히 벗어나지 못할 자신의 육체가 아니라 영혼을 향해 있기 때문이다.

알키비아데스는 자신을 돌볼 수 있는 방법을 알고 싶어한다. 소크라테스는 제자에게 먼저 남의 눈동자 속에서 자신을 보도록 권고한다. 육체의 눈——수없이 보았던——은 영혼의 눈의 모상이다. 시력의 생리학적인 영역에서 '너 자신을 보라'는 점차로 정신적이 된다.

"영혼(프시케) 역시 스스로에 대해 잘 알려고 하지만, 어떤 영혼과 이 영혼 속에서 영혼의 특유한 능력이 머무는 부분, 지성을 보아야 한다. 그런데 영혼 속에서 우리는 인식과 사유가 머무는 이 부분보다 더 신성한 어떤 것을 구별할 수 있는가?"[19]

이 부분은 신성하다. '너 자신을 보라'는 타인을 통해 '너 속의 신을 보라'로 변한다. 이처럼 '너 자신을 알라'는 자기 속의

---

18) 플라톤, 《알키비아데스 *Alcibiade*》, 131b.

19) *Ibid.*, 133b-c.

신을 알 것을 권고한다. 인간의 구원은 본질과 존재의 진리로 이끄는 이러한 우회의 조건에서만 일어날 수 있다. 자기 인식은 추정, 자만, 유해하고도 지나친 자기 평가와는 반대된다. 이것이 플라톤의 《알키비아데스》에 나타난 교육의 범위이고, 이것은 인간이 신이 아니라는 사실과 어떤 심연이 이 둘을 갈라 놓기도 하고 또한 영원히 갈라 놓아야 한다는 사실을 상기시킨다. 사실상 과도함(hubris)은 신들을 필요로 하지 않거나 필요하지 않기를 바라는 데 있다. 더할나위없는 악의 형상인 그것과 싸워야 한다. 진정한 교육은 이러한 기본적인 상기로부터 시작된다.

진리의 씨앗

《파이드로스》는 진리를 확립하려는 글쓰기가 얼마나 많은 시간과 인내, 매일 반복된 정성이 필요한지 보여 준다. 리시아스의 글쓰기는 산문가나 소피스트들의 그것처럼 항상 변할 수 있는 유일한 상황, 순간의 배타적이고 긴급한 요구에 부응한다. 다른 것은 글쓰기가 제공하고 결실이 맺히는지 살펴보기 위해 끊임없이 감시해야 하는 진리의 씨앗들을 통한 철학적 글쓰기——농사에 가까운——이다. 철학자는 물 위나 모래 위에 글을 쓰지 않는다. 그는 단지 덧없고 공허한 오락만을 추구하지 않고, 입증되고 지속적인 진리를 찾아 영혼에 씨를 뿌린다.

대화법은 지식이 수반하는 담론을 심고 뿌리는 기술에 비유된다. 이러한 "담론은 그것을 심었던 사람에게서나 마찬가지로 담론 자체에 도움을 줄 수 있고, 황폐해진 대신에 다른 20가지의 천성들 가운데 다른 담론이 돋아날 하나의 씨앗(sperma)을 담론 속에 지닌다."[20]

한편으로는 불모성, 순간의 밤 속에 잠김, 거짓 외양, 환멸, 다른 한편으로는 풍요, 지식의 공유, 행복의 가장 높은 단계를 갖게 만드는 진실의 구축. 이것이 글을 쓰고 말하고 기억하는 두 가지 방식에 결부된 정반대의 길들이다. 글쓰기는 치명적인 망각 속에서 신속하게 소멸하는 것에 바쳐졌다. 행동의 진실성처럼 존재론적 진실(존재의 관점)과 인식형이상학적 진실(인식의 관점)의 폭로를 끊임없이 목표로 삼는 방식에 의해 기초를 세운 대화법은 철학적 방법과 지식으로 승격되었다. 주신찬가 아니면 신화학, 둘 중 어느것인가? 대화론자 플라톤은 우리가 여러 번 보아 왔던 것처럼 신화학자가 되기를 주저하지 않는다. 허구는 최상의 교육 도구를 나타내고, 정의·정확·아름다움·선의 공동적인 탐구에 귀중한 보조자로 나타난다.

소크라테스와 플라톤은 당시의 소피스트들과 주변 여론의 표절이 되었다. 그들은 전통과 창조를 결합할 줄 알았고, 고대 그리스의 다른 사람들과는 달리 진리의 스승으로 변할 수 있었다. 그들은 지식의 소통을 전수했고 정신을 훈련시켰으며, 소크라테스의 죽음에도 굴하지 않고 가르쳤다. 그들은 '궤변론적 수법에 어렵고도 힘든 추적을' 했었고, 지식의 교정이나 학문보다는 사업과 이익에 더욱 관심을 갖는 타산적인 논쟁술(다시 말해 자체

---

20) 플라톤, 《파이드로스 *Phédre*》, 276e.

로 정당한가 부당한가 등에 관련 있거나, 돈을 낭비하는가 버는가 하는 따위의 기교로 조정된 쟁의)과 싸웠다.

소피스트는 결국 《소피스테스》에서 소크라테스가 말한 것처럼 '논쟁술·모순·쟁의·투쟁·결투·취득에서 나온 이익을 만드는 부류'를 가리킨다. 종종 대단한 재능을 지닌 논쟁가이자 연설의 투사, 반대자들은 진리를 향한 도약에서 이탈하고 그들을 따르는 사람들을 반이성 속으로 이끈다. 그들은 가장된 보편적 인식을 과시하고, 우상과 주문을 어떤 환상의 기술로 다룬다. 소크라테스와 플라톤은 그들을 기만에서 깨어나게 하고, 그들의 정치적 술책과 유혹하는 힘을 좌절시키며, 그들의 재간을 맹렬히 공격하는 데 종사했다. 이 두 사람은 의사(擬似) 인식(pseudo-science)으로 위장되었지만 그것을 전혀 의식하지 못하는 무지로 인해 도당을 유지하고 공통선에서 우회하는 말의 마술사, 사기꾼, '가장 유해한 착각의 인도자, 뛰어난 풍자극 배우이자 협잡꾼'——《정치학》에서의 표현에 따르면——의 이미지를 그들에게 남겨두었다.

플라톤은 자신의 고백에 의하면 정의의 인식에 바탕을 둔 진정한 지혜, 올바른 정치 탐구에 전적으로 헌신하기 위해 원래 포함시킬 작정이었던 정치적 이력을 버리고 싶어하지 않았는가? 진실과 선의 인식만이 인간과 그들을 괴롭히는 악의 도시국가들을 구원할 수 있다. 이 철학자는 인식과 지혜와 구원의 작업에 자신의 전생애를 바쳤다. 그는 어떤 사람들에게는 성숙과 개화에 이르렀지만, 다른 사람들에게는 싹의 상태에 남아 있는 진리의 씨앗을 정신 속에 뿌렸다.

물론 그 길은 소크라테스의 예를 통해 대부분 열렸다. 플라톤은 그것의 전파자임과 동시에 보존자이기를 바랐다. 그는 기록된 흔적을 거부하지 않았으나, 그러한 흔적이 쓸모없는 회상이 아니라 진정한 기억을 제공하기 위해서 그 가공과 전달, 타당성, 진리의 조건들을 세심하게 결정했다. 기교는 사실상 표면적인 것과 사실임직함의 측면에 머문다. 철학만이 계속해서 '내부의 인식'과 진실의 기억——어떤 다른 유사한 것에도 속하지 않는——에 의해 안내되고 인도되는 것을 받아들이는 조건으로 그에게 다른 가치를 줄 수 있다.

플라톤에게 있어 진리는 관념적인 것에서 그 원천을 갖는다. 그것은 감각적인 것의 매우 혼란스런 길에서 굴절된다.

III

감각성과 외부 세계의 인식

이른바 소크라테스 이전 철학자들은 합리적인 비판을 거치지 않았던 감각들에서 기인하는 것으로 판단될 수 있는 환상이나 환각, 감각 기관의 오류에 대한 확인된 비판과 그들의 성찰을 결부시켰다.

예를 들어 의사(擬似) 플루타르코스에 따르면, 콜로폰의 크세노파네스는 감각은 기만적이어서 이성 자체의 이름으로 비판하는 것이 적절하다고 주장한다. 한편 섹스토스 엠피리쿠스는 헤라클레이토스가 인식과 진리를 위해 감각 작용과 이성이라는 두 기관을 인간에게 부여하지만, 감각 작용은 신뢰할 만한 것이 못 되는 것으로 평가하고 이성을 유일한 기준으로 삼는다는 점을 예시한다. 이성이 결여된 감각을 신뢰하는 것은 야만적인——다시 말해 감각 언어의 해독이 불가능한——영혼의 속성이 아니겠는가?

그러나 어떤 이성과 관련되는가? 그것은 개별적 능력——종종 혼란에 빠지는——뿐만 아니라 공통적이고 신적인 이성, 로고스(말·이성)와 관련된다. 로고스는 모든 것을 구조화하고, 상반된 것들이 서로 일치하고 조화를 이루는 이성의 변증법적 본성을 따름으로써 빛을 가리는 데 사용되는 만큼 빛을 발산한다.

공통 **로고스**에 참여함으로써 우리는 진리 속에 있다. 그러니까 만약 우리가 스스로 고립되거나, **전체**에서 분리되었기도 하고 분리될 수 있는 개체로서 사유한다면 우리는 확실히 기만당하고 있는 것이다. 그래서 헤라클레이토스가 다음과 같이 썼듯이 올바로 처신하고 사유하고자 한다면 공통된 **로고스**를 따르고 경청해야만 한다.

> 지적으로 말하고자 하는 자는
> 도시국가에서 법에 근거하듯이
> 마찬가지로 모두에게 공통된 것에
> 더욱 강력하게 따라야만 한다.
> 인간의 모든 법은 단 하나의 법,
> 즉 신의 법으로 양식을 삼기 때문에,
> 신의 법은 원하는 만큼 지배하기 때문에
> 모두에게 충분하고
> 그리고 모두를 초월한다.[1]

어떻게 지성 · 이성(logos) · 법의 보편성, 로고스의 내재성과 동시에 초월성, 가시적이고 비가시적인 보편적 조화를 보다 명

---

1) 헤라클레이토스, B CXIV, rapporté par Stobée, III, 1, 179, in 《소크라테스 이전 학파 *Les Présocratiques*》, édition établie par Jean-Paul Dumont, coll. 〈Bibliothèque de la Pléiade〉, Gallimard, 1988.

확하게 표현할 수 있는가? 가치와 본성에 있어서 세계보다 우월한 **로고스**는 세계를 구조화하고, 세계와 모든 감각적인 또는 관념적인 층위에 방향과 질서를 부여한다.

헤라클레이토스는 종종 청각보다 시각에 조금 더 가치를 부여한다. 즉 "사실 눈은 귀보다 더 정확한 증인이다."[2] 그러나 이 모든 사실에도 불구하고 시각과 청각은 진리에 이르는 감각적 물질성의 특권을 부여받은 수단들이다.

파르메니데스·엠페도클레스·아낙사고라스 역시 진리의 기준이 되는 역할을 이성에 부여하고, 감각에는 어떤 정당성도 부여하지 않는다. 감각 작용은 기만적인 것이다. 왜냐하면 그 작용을 발현하는 기관들이 유약하기 때문인데, 그 기관들은 이성적으로 확립된 인식에 매혹된 이 철학자들의 핵심어가 될 수 있을 것이다. 그러나 동시에 아낙사고라스——데모크리토스와 플라톤 이전——는 '현상들은 비가시적인 것의 모습'이라고 생각했다. 그래서 시각 기관은 보이는 것 너머에 있는 것을 향해 시선을 돌리고, 감각으로 인해 예상치 않았는데도 저절로 향하게 된 인식의 방향을 가리킬 수 있다. 시각 기관은 이성적인 방식을 인도하고 준비할 수 있을 뿐만 아니라 그런 방식을 저해하거나 혼란스럽게 할 수도 있다.

---

2) 헤라클레이토스, B, CI α, in 《소크라테스 이전 학파》, *op. cit.*, p.169.

데모크리토스 혹은 환상에 대한 비판

데모크리토스는 이런 관점에서 가장 좋은 예가 된다. 엘레아학파를 잇는 많은 원자론자들은 분할될 수 없는 영원한 관념적인 원리들 속에서 존재에 대한 진리를 추구했다. 즉 **원자**들은 파르메니데스적 **일자**(一者)의 다수에로의 확산이다.

데모크리토스는 지성으로만 볼 수 있는 이러한 근원적인 개체를 **관념들**(ideas)이라 불렀다. 분리할 수 없는, 무감각한, 생성될 수 없는, 변질될 수 없는, 파괴될 수 없는, 셀 수 없이 많은 실체들은 자신들을 분리하는 무한한 허공——비존재——속에서 운동한다. 그들 운동의 유일한 원인인 무한한 허공은 필요한 궤도를 그 실체들에 부여한다. 원자의 실증적인 특성들에 형태나 모양·순서·위치, 그리고 각각의 크기를 포함시켜야 한다. 세계의 기하학적 표상은 아마도 세계의 가장 정확한 표상과 가까울 것이다.

존재(원자)와 비존재(허공)가 모두 진실한, 유일한 실재를 지칭한다. 한쪽은 긍정적으로——존재자——표현되고, 다른 한쪽은 부정적으로——무, 허공 또는 무한——표현된다. "모든 사물은 존재와 무로 이루어져 있다."[3] 특히 관념적인 대상과 지주이고 존재하는 모든 것의 원칙으로, 지각된 것이 아닌 이해된 존재자나 원자들은 실존, 즉 진정한 물체성(choséité)을 지칭한다.

---

3) 데모크리토스, A XLIX, in 《소크라테스 이전 학파》, *op. cit.*, p.774.

"[데모크리토스는] 각각의 실체를 어떤 것, 촘촘한 것, 존재하는 것으로 불렀다. 그는 실체들은 우리의 감각에 잡히지 않을 만큼 작으나 다양한 형태와 모양, 그리고 상이한 크기를 가지고 있다고 생각한다. 그에게 있어 세대가 발생하고, 가시적 대상들과 감각할 수 있는 분자들이 구성하는 원소들의 역할을 하는 것은 바로 이러한 실체들로부터이다."[4]

심플리키우스는 아리스토텔레스의 《천체론 주해》에서 이렇게 말하고 있다. 실재적 존재, 원자들은 데모크리토스가 순수 규약의 범주——습관이나 관습——속에 분류한 모든 것과 구분되거나, 또는 다른 방식으로 우리에게 있어 상대적인 것과도 구분된다. "습관적인 방식으로 말하자면 빛깔, 달콤한 것, 쓴 것 등이 있지만, 실제로 거기에는 원자와 허공만이 존재한다."[5] 감각적인 것에 속하거나 이것에 근거한 여론은 어떤 진실도 내포하지 않고, 전해 주지도 않는다. 다만 우리 감정에 대한 말이나 외관 또는 습관만을 전할 뿐이다.

그래서 감각 작용은 여론으로 축소된다. 존재, 다시 말해 원자에 의해 생긴 감각 작용은 즉시 재구성·해석·변형·존재를 교란시키는 상상적 환상에 사로잡힌다. 레우키포스는 사실상 이런 상태를 가장 잘 이해한 사람이다. "모든 것은 결코 진리에 따

---

4) 데모크리토스, A XXXVII, in 《소크라테스 이전 학파》, *op. cit.*, p.767. 또한 데모크리토스, A XXXVIII(Simplicius, 《아리스토텔레스 물리학 주해 *Commentaire sur la physique d'Aristote*》, 28, 15)를 참조하라.

5) 데모크리토스, A XLIX, in 《소크라테스 이전 학파》, *op. cit.*, p.774.

라서가 아니라 상상이나 여론에 따라 존재하며, 반대로 물속에서 (굴절된) 노를 보는 것처럼 나타난다."[6]

인간은 실재에서 어떤 것도 지각할 수 없는 운명인가? 또한 실재의 탐구에서 지적인 한계를 찾거나 확신에 대한 욕구를 채우려고 희망도 끝도 없이 떠돌아야 하는 운명인가? 데모크리토스는 인식을 감각에서 나오는 서출의 인식과 지성에서 나오는 적자의 인식으로 구분했다. 전자는 어떠한 판단의 기준이나 진실의 분별에도 관계하지 않고, 후자는 "좀더 미묘한 인식을 허용하는 도구인 지적 비전을 지닌다."

만약 지적 비전이 본질적으로나 가치상으로 감각적 비전을 초월한다면 감각은 원래 실수와 오류의 잠재태이고, 눈의 비전──키케로가 데모크리토스를 언급하면서 《투스쿨라나룸 담론》에서 지지했던 것처럼──이 정신의 침투를 방해하는 것이란 말인가? 전설에 따르면 아브데라 태생의 데모크리토스가 감각적인 것, 예를 들면 여성에 대한 욕망──항상 그들을 봄으로써 다시 생겨나는──의 무한한 덫으로부터 해방되기 위해 스스로 보는 것을 금했을지도 모를 일이다.

이 철학자는 거짓된 유혹에 과도하게 빠지지 않고 거리를 더잘 둘 수 있도록 인생을 연극이나 코미디와 비교했다. "네가 들어오고, 보고, 나간다." 여기에서 모든 것은 변화이고, 의사(擬似)-존재, 의사(擬似)-인식이다. 진리란 우물 밑바닥에 머물 수밖에 없는 것 같다. 《아카데미학파 철학》에서의 데모크리토스를

---

6) 레우키포스, A XXXIII, in 《소크라테스 이전 학파》, *op. cit.*, p.745.

한 번 더 언급함으로써 키케로가 강조하고자 했던 것처럼, 자연은 접근할 수 없는 심연 속에 진리를 감추고 있다.

데모크리토스가 확실히 자기 방식으로 소위 존재한다는 모든 것에 대한 재검토와 회의주의의 장본인이었다거나, 그가 단지 진리에 이르는 능력으로서 지성을 복권시키고 감각적 통로에 대해 불신을 조장하려 했던 선임자들에 의해 이미 오래전에 마련된 전통 속으로 들어가는 것이 여기서의 토론의 핵심은 아니다. 고대인들은 감각이 진실의 추구에서 본질적이고 효과적인, 신뢰 있는 조력자가 될 수 있는지 없는지를 알고자 하는 문제를 이미 폭넓게 제기했다는 사실이 특히 검토될 것이다. 데모크리토스는 그런 부류에 속한다.

꿀의 특성은 부드럽고 달콤한 것이 아니다. 어떤 이에게는 달콤할 수도 있고, 또 어떤 이에게는 모든 현상적 표상처럼 의심스럽고 변덕스러우며 고정되지 않고 일관성 없는 쓴맛으로 느껴질 수도 있다. 감각적 특성은 본래 존재하는 것이 아니다. 모든 동일한 표상에서 야기되는 것이 아니라 단지 규약의 순서일 뿐이다. 그것에 속지 말라. "감각적인 것들이 존재한다고 인정하고 결론짓지만 사실 그것은 존재하지 않는 것이다. 단지 원자와 허공만이 존재한다."[7]

몇 가지 의문이 남아 있다. 어떤 유보 조건이나 제한과 함께 감각적 통로에 의해 확고하고 단호한 무언가를 적어도 순간적으로 포착할 수 있는가? 감각과 경험에서 변하고, 심하게 변질될 수

---

7) 데모크리토스, **B IX**, in 《소크라테스 이전 학파》, *op. cit.*, p.845.

있는 존재를 어떻게 믿을 수 있는가? 몇몇 감각 기관들은 존재하고 생성하는 것에 관해 우리에게 확실히 알려 주는 데 더욱 유리할 것인가?

오감: 플라톤과 아리스토텔레스

"몇 가지 감각이 있는가?"라는 질문에 데모크리토스는 다음과 같이 대답했다. "감각의 수는 감각적인 것들의 수보다 더 많지만 감각적인 것들이 감각에 비례하지 않기 때문에 그것의 수도 확실하지 않다."[8] 또한 그는 이성이 없는 동물·성인·신들이 아마도 오관보다 더 많이 갖고 있을 것이라고 주장했다.

역설이나 아포리아, 다시 말해 극도의 혼란에 익숙한 취향, 재담처럼 보일 수 있는 것을 넘어 감각 기관들 사이에서 어떤 것이 더 나은 것이고, 다른 것보다 더 믿을 만한 것인가를 알고자 하는 문제는 그의 계승자인 플라톤과 아리스토텔레스에게서 흔히 나타나는 것이다.

《파이돈》에서 분명하게 이 문제를 제기하고 있다.

"어떤 진리가 청각과 마찬가지로 시각에 의해 인간에게 제공되는가? 아니면 적어도 시인들이 끊임없이 되풀이하는 것처럼 우리가 정확하게 듣지도 보지도 못하는가?"

---

8) 데모크리토스, A CXV, in 《소크라테스 이전 학파》, *op. cit.*, p.802.

플라톤은 미각이나 후각·촉각에 비해 시각과 청각에 특별한 위상을 부여했다. 시각과 청각은 거리와 매개를 내포하는데, 즉 시각에는 빛의 간격, 청각에는 공기의 간격, 그리고 장소가 필요하다. 다른 감각들은 아마도 직접적인 감각 기관의 지각 속에 너무 달라붙어 있어 오류와 진실의 왜곡의 원천을 동시에 증대시킨다.

시각의 우위는 확고해졌다.

선과 태양의 유추로 육체의 눈은 그 형상 자체로 태양——눈에 명백한 특수성과 고귀함을 부여하기에 충분한 것——과 가장 많이 닮았다고 한다. 눈에 의해 빛은 지각된다. 눈의 기능을 수행하고 감각적 대상을 보기 위해서 눈 역시 빛이 필요하다. 따라서 눈은 관념적인 것과의 연관성에 따라 감각적인 것과 관념적인 것 사이에서 최상의 매개 기관이 된다. 필요한 경우 눈은 진리를 지각할 수 있는 일종의 생리적 통로가 된다.

청각의 지위 역시 부차적인 것은 아니다. 플라톤과 아리스토텔레스의 문집들 속에서 음악은 젊은이들을 위해 만들어 내고 구상해 내는 교육 프로그램에서 중요한 위치를 차지하고 있다. 음악은 정신을 맹목적 활동과 물질성의 절박성과 편협성에서 벗어나게 한다.

게다가 음악은 윤리적인 힘으로 보증받기 때문에 퇴폐적인 풍속을 교정할 것이다. 신은 소크라테스에게 시인으로 행동하게 하고, 음악적 기술을 연마할 수 있게 했다. 철학은 가장 수준이 높은 음악과 유사하다. 하모니는 변증법의 전주로서 과학에 속한다. 그래서 비록 예술에 관한 것이 아니라 일치에 관한 수학적 결합에 집중된 과학의 문제일지라도 작품의 청취와 악기의 연주는 단계적으로 철학적 변증법을 위한 준비 단계이다.

음의 높이나 정확성, 음악적 하모니라는 은유는 곳곳에서 정의를 특징짓는 데 사용된다. 그러므로 청각에 대한 공공연한 멸시는 없다. 청각에서 나온 기술(tekhnè)과 인식(épistémè)은 반대로 (잘만 인도된다면) 국가에 봉사할 수도 있고, 진리의 탐구에 공헌하고, 도시의 질서에 적합한 정서를 발달시키고 관습 속에서 도시를 강화시킬 수도 있다.

아리스토텔레스는 음악에서 교육 수단과 동시에 여유 있는 삶의 유용한 발전과 즐거움을 위한 수단을 보았다. 음악은 교육과 정화(Katharsis)를 담당한다. 카타르시스는 필요한 정념의 정화를 작동시킨다.

플라톤과 아리스토텔레스의 두 철학은 이론적이고 실천적인 진리에의 욕구를 강화시키고 전개시키는 데 가장 적합한 최상의 형성자 역할을 국가에 부여하고자 했다. 그리고 그 두 철학은 예술에 주요한 영향력을 부여하고, 동시에 적절하게 혹은 그렇지 않게 그들이 동원한 감각에 대해 조명했다.

플라톤은 《티마이오스》에서 비촉각적인 다른 네 가지 감각들은 국한되어 있고, 중심지로서 신체의 본거지(akropolêos)인 머리를 갖는 데 비해 촉각은 신체 전체를 동원한다고 지적했다. 우리가 가진 지각 습관(뜨거움-차가움, 딱딱함-물렁함, 무거움-가벼움 등)의 감각적 특징들은 촉각에 책임이 있고 살(sarx)에 속한다. 촉각은 생성중인 '공통 감각'이라는 말인가?

아리스토텔레스는 어떤 측면에서 보면 《영혼에 관하여》 3장에서 이와 같은 관점을 취하고 있는 것 같다.

촉각(생물학적 영양 섭취의 중심부인 자양적 영혼에 의존하는) 없이는 어떤 동물도 존재할 수 없을 것이다. 그래서 "미각은 일종의 촉각이다. 왜냐하면 미각은 촉지 가능하고 자양적인 감각이기 때문이다."[9] 아리스토텔레스가 주지한 바 살아 있는 것은 색이나 냄새로 영양을 섭취하지 않는다. 특히 생명에 관한 감각인 촉각은 다른 모든 감각의 조건이 될지도 모른다. 《자연사 소론》 중 어떤 것은 역시 이런 방향이다. 그래서 아리스토텔레스는 〈수면과 각성론〉에서 다음처럼 썼다.

"공통 감각은 특히 촉각과 동시적이기 때문에(촉각이 다른 모든 감각들과 분리되는 반면 다른 감각들은 그것과 분리될 수 없다. 우리는 그 점에 대해 영혼에 관한 연구에서 밝혔다) 수면과 각성은 촉각의 정서 작용이 분명하다. 또한 모든 동물도 촉각을 갖는데, 왜냐하면 촉각은 모든 것에 대해 단독으로 존재하기 때문이다."[10]

그런데 촉각으로부터 구상한 새로운 접근에서 아리스토텔레스는 다른 감각들을 촉각으로 국한시키는 데모크리토스 · 레우키

---

9) 아리스토텔레스, 《영혼에 관하여 *De l'âme*》, Ⅲ, 12 & 13, Tricot 역, Vrin, 1969.

10) 아리스토텔레스, 〈수면과 각성론 Du sommeil et de la veille〉, in 《자연사 소론 *Petits traités d'histoire naturelle*》, R. Mugnier 역, Les Belles Lettres, 1965, p.68.

포스 · 엠페도클레스와는 거리를 두게 된다. 그들은 모든 감각 기관들이 접촉을 통해 실행한다고 생각했다.

《감각론》에서 아리스토텔레스는 이 점을 명백히 하고 있다. 그는 고대인(arkaioi)을 비난하는데, 예를 들어 빛깔이 발산물이라고 주장하는 것은 터무니없는 일이라고 생각한다. "그들에게 있어 감각 작용은 반드시 촉각의 도움으로 이루어진다."[11]

그는 모든 감각을 촉각으로 만들어 버리고 '아주 이상한 실수를 범하는'[12] 그들을 비난한다.

만약 매개의 공간이 허공이 된다면 하늘에 한 마리 개미가 있다 하더라도 그것을 아주 정확히 볼 수 있다고 믿었던 데모크리토스의 논거에 대해, 아리스토텔레스는 반대로 아무것도 볼 수 없을 것이라고 반박한다. 빛이라는 매개가 없이는 볼 수 없다. 그리고 다른 감각도 물론 마찬가지이다. 이러한 주장은 감각 작용에 관한 아리스토텔레스의 모든 이론과 더불어 감각 작용에 관련된 인식 유형——그 이론이 밝혀낼 수 있는 감각적 대상에 고유한 진리의 본성과 마찬가지로——의 토대가 된다.

플라톤은 《필레보스》에서 미각과 촉각에 관계되고, 접촉의 감각에서 생긴 좀더 불순한 쾌락과 후각 · 청각 · 시각에 연결되고, 거리의 감각에서 생긴 좀더 순수한 쾌락을 이미 구분했다. "무엇이 진리와 더 가까운가?"라고 소크라테스가 프로타르코스에게

---

11) 아리스토텔레스, 〈감각 작용과 감각대상론 De la sensation et des sensibles〉, 3, 439b, 17-18, in 《자연사 소론》, op. cit.

12) Ibid., 4, 442a 29-442b.

물었다. "순수하고, 혼합이 없고, 충분한 것인가? 아니면 힘이 세고, 수가 많고, 큰 것인가?" 쾌락과 인식은 좀더 용이한 판단을 할 수 있도록, 그리고 섬세한 구분을 하도록 총체적으로 연구되었다.

무절제(정념의 무질서)의 분석에서 아리스토텔레스는 감각 기관을 두 그룹으로 나누고 있다. 우리는 시각 · 청각 · 후각의 쾌락에 대한 무절제가 아니라 미각과 촉각의 쾌락에 대한 무절제만을 말할 것이다.

예를 들면 미각과 촉각은 비열하고 야만적인 특징을 띨 수가 있고, 인간의 합리성을 희생시켜 인간이 지닌 동물성을 폭발시킨다. 감각에 대한 아리스토텔레스의 분류는 많은 점에서 플라톤의 분류를 재편성할 것이다. 시각 · 청각 · 후각은 미각과 촉각보다 더 순수한 감각이다. 앞의 세 가지 감각은 느끼는 것과 느껴진 것 사이의 모든 접촉과는 무관하다. 즉 "후각 · 시각 · 청각은 감각 기관 그 자체와는 다른 매개를 통해 나타난다."[13] 미각 · 촉각은 특히 재생 · 영양과 관계 있다. 시각은 특히 '전형적인 감각'으로 불린다. 아리스토텔레스가 《니코마코스 윤리학》에서 밝힌 것처럼 시각은 촉각보다 더 순수하고, 청각과 후각은 미각보다 우세하다.

《감각론》에서 아리스토텔레스는 감각 작용이 행복뿐만 아니라 인식과도 얼마나 연관되는지를 보여 주고 있다. 왜냐하면 감각

---

13) 아리스토텔레스, 《영혼에 관하여 *De l'âme*》, III, 12, 434b 14*sq.*, *op. cit.*, p.213.

작용은 대상 속에서 많은 차이를 구분하는 것을 배우기 때문이다. 여기에서 청각은 어떤 경우에 시각보다 우세한 것으로 언급된다.

따라서 감각하는 인간과 외부 세계 인식의 진리에 이르는 길을 더욱 넓히는 관념적 감각들이 존재한다. 시각은 항상 이론적인――시각은 모두에 의해 지각된 공통 감각 대상들을 향해 있다――그리고 정서적인 우세를 갖는다. 사랑은 눈으로부터 오는 게 아닌가? 때로 청각은 실용적이고도 인식형이상학적인 우세를 띤다. 그래서 인식에 도움이 될 수도 있다.

시각과 청각은 장소의 영향으로 지각하고, 미각과 촉각은 매개가 작용하는 것과 동시에 지각한다.

"촉각 대상은 시각 대상, 청각 대상과는 다르다. 매개가 우리에게 어떤 효과를 미치기 때문에 우리는 이 후자의 것들을 지각한다. 반대로 우리는 촉각 대상에 대해 매개의 작용을 통해서가 아니라, 마치 자기가 들고 있는 방패를 통해 타격을 받은 사람과 같이 매개와 동시에 지각한다. 일단 타격을 받은 방패가 이번에는 사람에게 타격을 가하는 것이 아니라 사실상 그 두 번의 타격이 동시에 일어난 것이다."[14]

아리스토텔레스는 오감의 근본적 정체성을 점진적으로 증명했다. 그것의 본성이 어떻든 감각 작용은 어떤 매개를 필요로 하며,

---

14) *Ibid.*, Ⅱ, 11, 423b 15.

촉각도 예외는 아니다. 감각적 경험이 없는 지적 인식은 없고, 이런 통과 의례 없이 진실에의 접근도 없다.

게다가 아리스토텔레스가 《영혼에 관하여》에서 지적했듯이 능력만큼 신체 기관에도 의거하는 감각적 지각은 질료에서 뽑아낸 형상을 인지하고, 모든 것은 밀랍처럼 확연하게 각인된다. 감각 작용에 대한 연구는 질료에서 형상을 추출해 내는 것이고, 감각하는 것과 감각된 것 사이에 존재하는 중간 매개를 통해서 이루어진다. 실재 대상의 외재성은 감각적 인식의 과정과 마찬가지로 이러한 조건에 좌우되는데, 이러한 과정은 융합 방식이 아니라 다소간 점진적인 소외 효과의 방식을 따라 작동한다.

융합——매개의 부재——은 인간이 아니라 신에 대해서만 적용된다. 《형이상학》에서 아리스토텔레스는 **신 속**에 있는 지성(noûs)과 관념적인 것(noèton)의 동일성, 주체와 대상의 절대적이고 완벽한 가역성을 주장했다. **사유에 대한 사유**(noêsis noêseos)는 신적인 지성의 속성이다. "지성은 관념적인 것을 포착함으로써 스스로 사유한다. 왜냐하면 지성은 그 대상과 접촉하고 그것을 사유함으로써 그 자체가 관념적인 것이 되기 때문이다."[15]

어떤 종류의 무게나 질료도 **제1원리**인 **신**을 손상시키지 못한다. 어떤 외재성도 신을 그 자신으로부터 벗어나게 하지 못한다. 신은 변질이나 부패, 자기 인식의 불투명성, 자기 존재의 탐지에서 실수를 범할 어떠한 우려도 없다. 신은 생성이나 잠재성의 상

---

15) 아리스토텔레스, 《형이상학 *Métaphysique*》, 1, 7, 1072b 20*sq*., Tricot 역, Vrin, 1970, t. II, p.681.

태가 아니라 영원히 충만한 **현행**으로 완벽하게 실현된 그 자체의 진리를 나타낸다.

인간의 조건은 시간의 법칙을 따르는 영혼과 육체, 현행과 잠재, 욕망의 혼합이다. 존재와 인식의 진리를 열망하기 때문에 인간은 감각의 진리가 통과해야 하는 매개를 거쳐야 한다. 모든 문제는 진리의 추구에서 감각 작용에 부여하는 데 적합한 부분과 위상을 측정하는 것이다. 왜냐하면 아리스토텔레스가 "지성은 감각 작용이 동반되지 않는다면 외부의 사물을 사유하지 않는다"[16]라고 했기 때문이다. 그래서 감각 작용은 진실의 추구에 있어서 우선적이고 불가피한 단계인가? 아리스토텔레스는 플라톤보다 감각적 인식이나 감각적 경험의 정당화의 면에서 더 앞서 있는가?

그들은 서로 그들 전통의 연장선에서 감각들을 배열하고, 계층을 나누는 것으로 시작했다. 시각은 **인식론**의 장을 인정한다. 즉 시각은 가장 치밀하게 구상된 차등 인식에 접근하는 길을 연다. 다음처럼 《형이상학》의 서두에서는 이런 의혹은 전혀 제기되지 않는다.

"시각은 우리 감각에서 가장 많은 인식을 획득하고, 수많은 차이를 발견하게 해준다."

---

16) 아리스토텔레스, 〈감각 작용과 감각대상론〉, §6, 445b 16-17, in 《자연사 소론》, *op. cit.*, p.43.

인식론적 범위 안에서 청각은 윤리적 차원과 합쳐진다. "지성은 영혼에 있고, 시각과 청각은 머릿속에 있다"라고 《법률》에서 적고 있다. 가장 고귀한 감각을 매개로 한 영혼과 육체의 결합은 **구제론**, 즉 구원의 역할을 한다. 플라톤이 《법률》에서 썼던 것처럼 "가장 아름다운 감각들과 결합하고, 그러한 감각들과 일체가 되어 통제에 성공함으로써 지성은 그 단어의 가장 정확한 의미 속에서 살아 있는 각자의 구원(sôtèria)이 될 것이다."

지성의 실천과 결합된 감각 작용들은 인식의 구상뿐만 아니라 구원의 구상에도 도움이 된다. 시각보다 종종 더 많은 차이를 알려 주는 촉각이 인식 형이상학의 역할을 하는 것을 부인할 수 없다. 살은 촉각을 통해 촉지할 수 있는 차이를 지각한다. 또한 후각과 미각도 미묘한 차이를 찾을 수 있다. 아마도 아리스토텔레스는 고전적인 서열화보다 더 앞서 나아갈 것이다. 그는 인식의 과정에서 감각적인 영혼의 덕성을 더욱 강조하기 위해 그런 서열화를 무너뜨렸다. 인식하는 것과 감각하는 것은 진리의 추구와 확립에 본질적으로 연결되어 있다.

제6감각: 공통 감각(KOINÈ AISTHÈSIS)

통합적 감각 기관의 심급, 감각적 소여를 비교해서 그것의 단계와 차이를 평가하는 일종의 여섯번째 감각, 즉 진정한 '공통 감각'을 찾아야만 한다.

공통 감각은 다양한 감각이 수집한 정보를 통합할 수 있는 직관력과 유사하다. 예를 들어 우리가 담즙이 쓰고 노랗다거나 흰색이 부드럽다고 지각할 때, 우리는 바로 이 감각을 동원한다. 어떤 특별한 감각도 우리에게 두 가지 정보를 동시에 줄 수 없다. 오직 공통 감각만이 가능하지만 스스로도 속을 수 있고, 우리를 속일 수도 있다. "어떤 것이 담즙이라고 믿기 위해서는 그것이 노랗다는 것으로 충분하다."[17]

여기에서 아리스토텔레스는 감각의 오류에 대한 여전히 고전적인 문제를 제기한다. 그 오류의 원천은 공통 감각에 의해 지각된 상이한 감각 작용들의 다양성이 될 수 있을 것이다.

결국 공통 감각은 감각하는 주체의 단위와 감각 대상의 단위에 동시에 관련된다. 공통 감각은 여러 감각에 의해 지각될 수 있는 것들, 즉 운동 · 정지 · 수 · 형태 · 크기 같은 '공통 감각 대상들'을 지각한다. 이것들은 색 · 소리 · 맛과 같은 단 하나의 감각만으로 지각될 수 있는 특성들인 '고유 감각 대상들'과는 다른 것이다. 만약 각 감각이 자기의 고유한 감각 영역을 갖는다면, 우리가 보고 있는 것을 보는 것은 시각을 통해서가 아니라고 아리스토텔레스는 그의 〈수면과 각성론〉에서 적고 있다.

"각각의 감각에는 특수 기능과 공통 기능이 있기 때문이다. 예를 들면 시각에 대해서는 본다는 것, 청각에 대해서는 듣는다는 것, 그리고 다른 감각들 각각에 대해서도 마찬가지이다. 모든 감각을 수반하는 공통 능력(공통 감각)이 있기 때문에, 이것을 통해

---

17) 아리스토텔레스, 《영혼에 관하여》, III, 1, 425b 1-5, *op. cit.*

사람들은 보는 것과 듣는 것을 동시에 감각한다. (물론 우리가 보고 있는 것을 보는 것이 결코 시각에 의해서가 아니고, 부드러운 맛과 흰색이 다르다고 판단하고, 또 판단할 수 있는 것은 미각이나 시각에 의해서도, 그 둘 모두에 의해서도 아니다. 대신 모든 기관에 공통된 영혼의 어떤 부분 때문이다. 왜냐하면 감각 작용과 지배 기관은 별개이기 때문이다.) 각 감각 작용의 본질(예를 들어 소리나 색의 본질)이 다르기 때문에, 공통 감각이 특히 촉각과 동시적이기 때문에…… 따라서 각성과 수면은 이런 감각의 영향임이 분명하다."[18]

관념적인 것들과 누스처럼 감각 작용과 일체가 되는 이런 감각 작용의 감각이나 의식·판단의 또 다른 심급이 필요하다.

공통 감각은 통합적인 만큼 조정적이고 중심적인 정신의 작용을 가리킨다. 중세와 고전 시대의 전통(데카르트의 《정신 지도 규칙》과 보쉬에의 《신과 자기 인식》에서)은 공통 감각에 대한 탐구와 재정의에 열중할 것이다. 18세기에 감각이 단순 관념의 형성에 기여하는지 안하는지를 알고자 하는 물음에 테오필 드 비오——《인간오성신론》에서 라이프니츠를 대신해서 말한다——는 필라레트에게 다음과 같이 답하고 있다.

"공간·형태·운동·정지의 관념처럼 하나 이상의 감각에서 나온다고 말하는 관념들은 공통 감각, 즉 정신 자체에 속한다. 왜

---

18) 아리스토텔레스, 〈수면과 각성론〉, II, 455a 15-20, in 《자연사 소론》, *op. cit.*, p.68.

냐하면 이것은 순수한 **오성**의 관념이지만 외부와 관계를 갖고, 감각들이 인식하게 하기 때문이다. 그래서 관념들은 정의와 증명이 가능하다."[19]

원래 아리스토텔레스가 촉각 기관에 매우 특별히 부여했던 '공통 감각'에 관한 문제는, 그의 연구가 진행됨에 따라 비록 그 문제가 돌출적이고 통합적인 견해로 파악된다 할지라도 단 하나의 감각 기관의 영역을 벗어나는 것으로 드러났다.

사유, 감각, 행동

플라톤에게 있어 감각 기관의 도움을 가정 적게 받을 수 있는 인식은 아마도 갈피를 못 잡는 주체나, 다소간 작위적인 지지나 혼돈 없이 진리에 접근할 수 있는 가장 확실한 매개로 남을 것이다. 시각·청각, 또는 다른 어떤 감각에 의지하지 않고 순수 사유에 접근하는 것은 적어도 《파이돈》의 금욕주의적인 글자 그대로의 뜻과 그 속에 담긴 정신 속에서 따를 만한 전형이 될 것 같다. 가능한 한 자신 속——즉 자신의 사유 속——으로 들어가는 것, 육체의 해로운 영향으로부터 가능한 한 간격을 두는 것, 지적 인식의 순수성(비-혼합)과 감각적인 소외에 대한——

---

19) 라이프니츠, 《인간오성신론 *Nouveaux essais sur l'entendement humain*》, Garnier Flammarion, livre II, ch. 5, p.106.

될 수 있는 한——최대한의 분리, 즉 카타르시스를 목표로 하는 것, 이런 것들은 진정한 지혜의 목표로 플라톤에게 남아 있다.

철학한다는 것은 살아 있으면서 세상과 육체를 버리는 연습을 하는 것이고, 또한 감각 기관에 지각되지 않으며 비가시적이고 본질적인 것에 관하여 집중적으로 성찰하는 것을 배우는 일이다.

이러한 측면에서 데카르트는 플라톤과 아주 유사하다. 《파이돈》에 이어 《성찰》 3부도 정신의 사물 그 자체에 모든 주의를 기울였다.

"이제 나는 눈을 감고, 귀를 막고, 모든 감각을 물리치자. 그리고 물체적 사물의 모든 이미지들을 남김없이 나의 사유로부터 말살하든가, 이것은 거의 불가능한 일이기 때문에 최소한 그러한 이미지를 공허하고 거짓된 것으로서 무시하기로 하자. 그리하여 오로지 자기에게만 이야기하고 자기를 깊이 파내려 감으로써 조금씩 나 자신을 나에게 있어 한층 잘 알려진 것, 한층 친근한 것이 되도록 힘쓰자."[20]

육체보다는 오히려 정신을 인식하는 것이 더 쉽지 않을까? 순수 사유로서 인간의 본질에 대한 긍정이 육체——혼돈의 도구, 오류의 원인, 불확신의 갖가지 온상인——의 사물들에 관한 비난과 비판을 결정적인 것으로 만드는가?

---

20) 데카르트, 《성찰 Les Méditations métaphysiques》, III, PUF coll. 〈Les grandes textes〉, F. Khodoss 역, 1963.

지적 진리가 감각 기관의 정보를 피할 수 있고, 그래야만 하는 가? 아리스토텔레스와 플라톤 각자의 철학에서 강조한 영혼의 여러 가지 층들은 순수 노에시스적 진리——누스, 즉 정신의 작업에 의한 산물——를 향해 오르기 위해서——비록 일시적이지만 적어도 방법(다시 말해 길)으로서——욕망을 지닌 감각 기관적 매개의 필요성을 보여 주고자 한다. 아리스토텔레스는 《영혼에 관하여》에서 영혼의 심리는 "만약 동물이 감각 작용과 상상력·욕망도 갖고 있다면 그것은 감각 작용이·있는 곳에 고통과 쾌락이 있고, 고통과 쾌락이 있는 곳에 필연적으로 욕구도 있기 때문"[21]이라는 것을 제시하고 있다.

감각 작용은 영혼——살아 있는 육체의 형상, 원인, 원리——과 육체가 밀접하게 뒤얽혀 있는 것을 분명히 밝혀 준다. 원초적인 의미에서 영혼은 우리를 살게 하고, 지각하게 하며, 생각하게 하는 것이다.

식물은 자양적 능력만을 가질 뿐이다. 게다가 일부 동물(인간과 같은)은 논증적이고 직관적인 이성의 이중적 형상 속에서 (추론적 인식과 연관이 있는) 디아노에시스적이며, 운동적이고 감각적이며, 욕망하는——식욕·용기·의지를 포함한——능력을 또한 갖고 있다. 사유의 실행은 인간의 속성으로 남아 있고, 아리스토텔레스에게 있어 그것은 또한 인간에게 특별한 노에시스적인 것(누스의 활동)의 측면에 속한다.

《영혼에 관하여》에서 아리스토텔레스는 수동적 지성——관념

---

21) 아리스토텔레스, 《영혼에 관하여》, II, 2, 20, *op. cit.*

적인 것의 작용으로 손해를 입고 변질되기 쉬운──을 능동적 지성과 구분하고 있다. 육체와 분할되고, 분할할 수 있는, 본래 현동적이고, 어떤 잠재성도 없으며, 혼합도 없는 냉철한 능동적 지성은 불멸이고 영원하다.

순수 진리는 무엇보다 사유의 작용에 속한다. "능동적 지성 없이는 어떠한 사유도 불가능하기"[22] 때문이다. 아리스토텔레스는 《니코마코스 윤리학》 6권에서 "[실천적인] 행위와 진리를 결정 짓는 세 가지 주된 요소를 구분짓고 있다. 그것은 감각 작용·지성·욕망인데, 이 요소들 중에 감각 작용은 어떤 행동(praxis)의 원칙이 없다. 예를 들어 금수들이 감각 작용을 갖고는 있지만 선천적으로 행위는 갖지 않는 것과 같다"[23]라고 제시하고 있다.

여기에서 한 번 더 실천적 진리, 즉 의결 가능하고 우선적이며, 추론된 선택과 도덕적 행위를 다루는 진리를 문제삼는다 할지라도 감각 작용은 실천적 지성과 이론적 지성에 비해 열등한 위치를 차지하고 있다.

그러나 열등함이 존재하지 않거나 사소하다는 것을 뜻하는 것은 아니다. 감각 작용은 개별적인 것들에 대해 직관이 맡은 역할──예를 들어 신중함에서──때문에 행위의 분석에서 제거될 수는 없다.

신중함은 물론 개별적인 것에 대한 인식이고, 지각에 속하며,

---

22) *Ibid.*, III, 5, 430a 25.
23) 아리스토텔레스, 《니코마코스 윤리학 *Éthique à Nicomaque*》, VI, 2, 1139a 15-20, Tricot 역, Vrin, 1987.

보편적인 것을 목표로 하는 과학과는 닮지 않았다. 신중함과 감각 작용은 그때부터 어떤 유사함을 나타낸다.

여기서 실재의 최종 소여의 개별성을 파악하는 감각 작용은, 특수화된 각각의 오감에 좌우되는 '고유 감각 대상'을 향한 능력의 측면이 아니라 '공통 감각'에 의해 포착된 운동·형상·수와 같은 '공통 감각 대상'의 측면에서 보여진다.

신중함 역시 고유 감각 대상을 지각하지 않는다. 신중함은 아리스토텔레스의 지적처럼 그것을 통해 어떤 특정한 모양이 삼각형이라는 것을 우리가 지각하는 것과 유사한 직접적·직관적 이해이다. 지적 직관은 본래 그것과 일체가 되지 않는 감각적 직관과의 어떤 관계 속에서 나타난다. 각각은 자기의 특수성을 유지하지만, 그것의 잠재적 상보성에 관해 성찰하는 것도 무용하지는 않았다.

유(類)와 종으로서 분류·차이에 관심을 둔 아리스토텔레스는 인간 인식과 행위의 기초가 되는 복잡한 결합 관계를 제시했다. 그 관계들이 감각 작용·사유·행위·욕망과 연관이 있다면, 그것들은 진리의 지적이고 경험적인 접근을 위한 풍부한 상보성과 대립·유사성·관계들을 강조한다.

아리스토텔레스는 나름대로 공통 감각을 통해 통합되고 조정된 오감이 무시할 수 없는 지성의 한 형태이고, 그 형태가 세상을 폭로한다는 사실을 보여 준다. 오감은 알레테이아(alétheia)로 이끄는 길들 중 하나인 것이다.

IV

회의와 확신

모리스 프라딘은 《일반심리학 개론》에서 "가장 완벽하게 표상적인 감각 기관의 작용, 우리에게 대상을 대상으로서 부여하고 주관적 요소들이 가장 덜 섞인 가장 명석·판명한 관념들을 부여하는 감각 기관의 작용은 명백히 청각과 시각이다"[1]라고 했다.

소크라테스 이전 철학은 초기 그리스적 사유에서부터 감각성에 대한 지성의 부채를 나타내는 것에 대한 고민과 동시에 종종 기만적이라고 판단되는 감각들에 대한 의혹을 밝혔다. 플라톤과 아리스토텔레스는 서로에게 영향을 주게 될 미래의 학파와, 후계 철학을 위해 후세에게 물려 줄 풍부하고 복잡하고 무거운 유산을 받았다.

아리스토텔레스와 일부 소크라테스 이전 철학자들은 종종 객관적이고 인식론적인 이중적 측면에서 본 감각 작용이 외부 세계에 대해 믿을 만하고 진실되며 유용한 정보들을 전달해 주는 것처럼 간주하였다. 프라딘은 인간의 감각성과 지성 사이에 존재

---

1) 모리스 프라딘, 《일반심리학 개론 *Traité de psychologie générale*》, PUF, 1986, I, 〈Le psychisme élémentaire〉, p.277.

하는 관계를 여러 번 강조했다. 그는 감각성이 어느 정도로 인간의 지성을 구성하는 요소들 중의 하나인지를——게다가 감각성은 지성의 본질적인 형상들 중의 하나를 표상한다——보여 주고 있다.

몽테스키외를 뒤좇아 자기 나름으로 "이성이 우리의 감각들 중에 가장 고귀하고, 가장 완벽하며, 가장 특출한 부분"[2]이라고 말하는 어떤 심리-철학자의 관점은 고전적인 것인가?

감각과 지혜

극도의 섬나라 근성의 도식에 따라 사유된 이성의 영역과 경험적 실재의 소여들의 다소간 직접적인 지각의 영역 사이의 균열과 단절에 매혹되었던 사상가들과는 달리, 감각성과 합리성 사이의 관련성을 제시하는 것은 아마도 진리의 문제를 재검토하는 것이 될 것이다.

그래서 지적 판단의 실천과 결부된 감각 기관들이 밝힐 수 있고, 또한 밝힐 줄 아는 세상의 진리, 정보의 풍부함과 복잡함 등이 존재한다. 지식은 원래 미각과 상관이 없는가?

사실 'sapere'(자동사적 용법)의 첫번째 뜻은 '미각을 가지다(맛이 좋다)' 즉 이 감각 기관을 통해 감각하는 것을 뜻하고, 두번째

---

2) 몽테스키외, 《법의 정신 De l'esprit des lois》, Garnier Flammarion, t. Ⅱ, Ⅳᵉ partie, livre ⅩⅩ, p.7.

는 단지 은유적인 의미로 '지성과 판단력을 갖다' 라는 뜻이다. 타동사적 용법으로는 '인식하다, 이해하다, 알다' 를 참조한다. 이 양면성은 축소되어 빈약하게 되는 대신에 드러내고 존중하는 것이 적절한 관계망 · 복잡성 · 풍부함을 강조한다. 'sapientia' 는 지성 · 판단 · 양식 · 빈틈없는 신중함을 지칭하고, 어떤 경우에 는 그리스어 'sophia' 로 번역할 수도 있다. 이 말은 잘 이해된 지 혜가 감각과 관계 없는 것도 아니고, 감각에 생소한 것도 아니라 는 사실을 우리에게 알려 준다.

몽테스키외 · 루소 · 칸트(특히 《인류학》에서)는 세상의 사물에 대한 진리의 탐구에서 감각의 역할을 과소평가하지 않았다. 1748년 《법의 정신》은 작가의 사망시 완성되지 못한 채 1758년 에서야 비로소 출판된 《취미에 관한 에세이》, 1721년의 《페르시 아인의 편지》와 무관하지 않다.

"영혼은 관념과 감정을 통해 인식한다. 영혼은 이러한 관념과 감정을 통해 쾌락을 받아들인다. 왜냐하면 우리가 관념을 감정에 대립시키더라도 영혼이 사물을 볼 때 영혼은 사물을 느끼기 때문 이다. 영혼이 보지 않거나 본 것을 믿지 않을 만큼, 그래서 영혼 이 느끼지 않을 만큼 지적인 것은 없다."[3]

감각들인 이 '정신의 기관들' 에 대한 어떤 경멸도 없다. 반대

---

3) 몽테스키외, 《취미에 관한 에세이 *Essai sur le goût*》, coll. 〈Petite bib-liothèque〉, 1993, p.14.

로 그것들의 특별한 지성과 고유한 미덕을 섬세하고 예리하게 재인식한다. 즉 인간과 세상이 관계를 맺는 것이다. 영혼의 가장 큰 기쁨은 그의 시각을 저 멀리로 두는 데서 오는 것이 아닌가?

시각은 몽테스키외의 작품 전체를 지배하는 주제이다. 영혼은 인식하고 보기 위해, 이 두 기능의 끝없는 이중주 속에서 만들어졌다. 항상 좀더 멀리 그의 시각을 확장시키고, 사유·정념·풍속·기후·정부 등의 영역을 드러내는 것이 생의 말년에 실명으로 고통을 겪은 그 철학자의 지칠 줄 모르는 목표였다.

"합리성·명확성——전형적인 고전적 덕목——은 인식의 유형뿐만 아니라 행복의 형태를 규정짓는 것이기도 하다. [···] 이성은 확실한 관념들의 보증만이 아니고, 그때까지 생각지도 않은 영역들까지도 검열하고자 노력하는 일종의 에너지이다."[4]

지적 진리의 확장은 시각·촉각·청각·후각·미각적 공간의 확장과 견줄 만하다. 차별적 지각, 즉 감각 기관의 다양성은 감각의 기여에 감사하는 능동적 지성을 펼치는 행복과 짝을 이룬다. 이제 우리는 몽테스키외가 "진리는 때로 그것을 쫓는 사람들보다 앞서 달리는 것 같고, 흔히 욕망·희망·쾌락 사이에는 어떤 차이도 없다"라고 말하고 싶었던 것을 이해한다. 인용문의 감각론적——게다가 관능적——인 용어는 진리에 대한 질문이 얼마나 정신뿐만 아니라 일정 기간 빈곤하게 하고 고갈시키는 자

---

4) *Ibid.*, J. 스타로빈스키의 후기, p.93.

율성 속에서 사유되는 육체와 관련되는지를 보여 준다. 18세기
는 이러한 접근에 익숙하다.

감각적 이성과 지적 이성

루소는 여러 번——특히 《에밀》에서——사람은 추론하면서
가 아니라 감각하는 것으로 시작한다는 것과, 인간 최초의 이성
은 지적 이성의 기초가 되는 '감각적 이성'이라는 점을 주장한
다. 감각은 지성의 기관들로서 제시된다. 감각을 통해 잘 판단하
는 것을 배우기 위해 그것들의 훈련이 필요하다. 감각을 사용하
는 것으로는 충분치 않다. 말하자면 감각하는 것을 배워야만 한
다. 감각의 수련은 정신 수련에 도움이 되며, 기초가 된다.

그러나 루소에게 있어 시각은, 만약 그것이 정확하게 훈련되
지 않는다면 어떤 점에서 촉각보다 더 해로운 것이다.

"촉각이 인간 주위에 그 작용을 집중하는 반면, 시각은 그 너머
까지 작용을 펼친다. 바로 이 때문에 시각 작용은 기만적이 될 수
있다. 사람은 한눈에 시야의 절반을 볼 수 있다. 그 많은 동시적
감각 작용과 그것들이 불러일으키는 많은 판단 속에서, 어떻게 어
떤 것에 관해서도 잘못 판단하지 않을 수 있는가? 이처럼 시각은
우리의 감각 중에서 가장 오류가 많은데 그것은 바로 시각이 가
장 넓기 때문이고, 다른 감각보다 훨씬 앞서 일어나는 그 작용이
너무 신속하고 광범위해서 다른 감각에 의해 도저히 고쳐질 수

없기 때문이다."[5]

그러나 루소는 원근의 착각과 거짓된 외관의 필요성 자체를 정당화하고자 노력한다. 사실 그것들이 없다면 우리는 **넓이**도 그 부분들도 인식하지 못할 것이고, 멀리서는 아무것도 볼 수 없을 것이며, 어떤 거리도 측정할 수 없을 것이다. 모든 것이 눈에 딱 달라붙어 있을 것이다. "만약 우리가 대상의 모든 크기를 실제의 치수대로 본다면 우리는 전혀 공간이라는 것을 볼 수 없을 것이고, 그렇게 되면 모든 것이 우리 눈 바로 앞에서 나타날 것이다."[6]

유일한 해결책은 촉각으로 시각을 통제케 하는 것이다. 예를 들어 "시각 기관을 촉각 기관에 복종시켜라, 다시 말해 촉각의 규칙적이고 둔한 걸음걸이로 시각의 성급함을 억제하라."[7]

《에밀》의 작가에 따르면, 그래도 역시 시각은 정신의 판단과 가장 분리할 수 없는 감각 기관으로 특정지어진다.

"보는 것을 배우는 데는 많은 시간이 필요하다. 그리고 시각과 촉각을 오랫동안 비교해야만 한다. 그러면 이 두 감각 중 시각이 우리에게 형상과 거리에 관해 성실하게 보고하는 것에 익숙해진다. 촉각 없이는, 점진적 움직임 없이는, 세상에서 가장 예리한

---

5) 장 자크 루소, 《에밀 *Émile ou de l'éducation*》, Garnier Flammarion, 1966, p.177.
6) *Ibid.*, p.178.
7) *Ibid.*, p.178.

눈이라도 우리에게 넓이에 관한 어떤 관념도 줄 수 없을 것이다."[8]

루소는 감각들의 특성만큼이나 그것들의 상호 의존성이 얼마나 세계와 자신, 그리고 타인들을 인식하는 데 공헌하는지를 보여 준다. 그래서 우리는 흔히 발생하는 성급한 개념 작용에서 벗어날 수 있다. 즉 직접성이라는 절대적인 영역에 감각성을 배치함으로써 감각성의 가치를 더 잘 떨어뜨리고, 인식 과정에서 감각성의 폭넓은 협력을 부인하며, 또한 감각성을 평범한 역할과 위치 속에 한정시키는 그러한 성급한 개념 작용에서 말이다.

육체 없는 사유, 살 없는 정신, 외부 세계를 향한 창도 문도 없는 이성에 뿌리를 둔 신화, 자족적이고 그럼에도 불구하고──혹은 그것 때문에?──본래부터 이론의 여지없는 풍부함이 갖춰진 신화, 그런 신화에 루소는 애착을 갖지 않는다. 반대로 그는 감각과 그것의 상호 작용에 관련된 미묘한 교육학을 구상한다. 그는 감각의 교육과 진리의 활동에 있어서 감각의 능동적인 참여가 얼마나 시간을 요하는지, 그리고 복잡한 매개를 사용하는 실제 훈련이 얼마나 요구되는지를 보여 준다. 외부 세계와 관계를 맺는 기관들은 자신들의 몇 가지 결함이나, 혹은 적어도 그 결함이 지닌 위험을 교정해 주는 요인들을 서로 마주 보게 할 수 있다. 그 기관들은 바로 그러한 이유로 판단의 정확성과 고정화에 공헌한다.

---

8) *Ibid.*, p.182.

루소가 시각과 촉각에 관해 확립한 것은 《에밀》에서 다른 감각들과 그것들의 상호 교육을 검증하기 위한 본보기적 모형과 패러다임으로 사용된다. 이렇게 후각은 "시각이 촉각에 대한 관계처럼 미각에 대응한다. 후각은 미각에 앞서 온다. 그것은 어떤 실체가 미각에 영향을 끼칠 방식을 알리고, 우리가 그것으로부터 미리 받은 인상에 따라 그 실체를 찾거나 혹은 피하도록 준비한다."[9]

여러 감각 기관들 사이의 상보성의 관계는 의심의 여지가 없고, 루소는 어떤 이유로라도 그것들의 자연적 풍부함을 손상시키지 않기를 권고한다.

'제6감각' 혹은 '공통 감각'의 문제 역시 제시되는데, 더구나 그리스 전통——특히 아리스토텔레스적인——에 부합되게 제시된다. 비록 그 문제가 중세적 도움과 후세의 토론·비평으로 18세기에 풍요롭게 되었다 할지라도 말이다.

"이 제6감각은 특별한 기관을 갖지 않고, 단지 뇌 속에서만 자리잡고 있다. 그리고 순수하게 내적인 그 감각 작용은 지각 혹은 관념이라 불린다. 우리 인식의 넓이가 측정되는 것은 바로 이러한 다수의 관념들을 통해서이다. 다시 말해 정신의 정확성을 만든 것은 바로 그 관념들의 명백성·명확성인 것이다. 우리가 인간적 이성이라 부르는 것은 바로 그것들을 서로 비교하는 기술이다. 이처럼 내가 감각적 혹은 유아적 이성이라 불렀던 것은 여러 감

---

9) *Ibid*., p.200.

각 작용들이 모여서 단순한 관념들을 형성하는 것이고, 지적 혹은 인간적 이성이라 부르는 것은 여러 단순한 관념들이 모여 복잡한 관념을 형성하는 것이다."[10]

감각적 이성과 지적 이성, 유년기와 성년기는 그것들의 상호적인 준비와 풍요화의 활동 속에서 나타난다. 인식의 움직임은 단순한 것에서 복잡한 것으로 이행한다. 루소에게 본질적인 것은 단순한 것 혹은 자연스러운 것을 손상시키지 않는 데 있다. 자연이 아이 속에 만든 모든 것 중 어떤 것도 아이가 잃지 않도록 하는 것이 진정한 교육학의 주축이 되고, 진정한 교육학은 감각의 청취나 자동 교육 그리고 그것의 점진적 자각을 통해서 일어난다.

감각: 육체의 사유

칸트는 1798년에 발행된 《실용주의적 관점에서 본 인류학》에서, 감성에 관한 '나쁜 평판'에 반박한다.

"사람들은 그것(감성)에 대해 언짢은 말을 한다. 예를 들어
1) 감성은 표상력을 **혼란시킨다**.
2) 감성은 큰 소리로 장담하며, 단지 오성의 **시녀**에 지나지 않

---

10) *Ibid.*, p.202.

는데 **여왕**처럼 행세하기 때문에 완고하고 제어하기 어렵다.

3) 감성은 **기만적**이며, 사람들은 감성에 대해 결코 충분히 경계하지 않는다."[11]

칸트는 일반적으로 감성을 예찬하는 시인과 '취향인(gens de goût)'들은 비난하지 않았다. 그는 가장 널리 알려진 세 가지 비판들을 하나하나 반박하고자 노력한다.

1) 감각은 혼란을 야기하지 않는다.

혼란은 미리 충분하게 생각지 않고 성급하게 판단하는 오성에서 기인하는 것이다. 잘못은 감성의 탓으로 돌릴 수 없다.

"정반대로 오성에 풍부한 재료를 제공했던 것은 오히려 감성의 공적이며, 종종 그 풍부한 재료 앞에서 오성의 추상적 개념은 단지 겉으로만 빛나는 초라한 것에 지나지 않는다."[12]

2) 감각은 오성을 지배하지 않는다.

정반대로 감각은 오성이 자신을 사용하도록 자신을 제공하고 있다. 감각은 어떤 요구도 하지 않고, 단지 참작되고 귀 기울여지기를 바랄 뿐이다. 감각의 비교할 수 없는 풍부함은 일시적으로 찬양될 뿐이다.

---

11) 칸트, 《실용주의적 관점에서 본 인류학 *Anthropologie du point de vue pragmatique*》, §8-11 et 15-23, M. Foucault 역, Vrin, 1988.

12) *Ibid.*, I, §9.

3) 감각은 기만하지 않는다.

칸트에 따르면 이것은 사람들이 감각에 대해 하는 가장 빈번한, 그리고 가장 공허한 비난이다. "감각은 항상 정확하게 판단하는 것이 아니라 전혀 판단하지 않는다."[13] 이렇게 해서 오류는 단지 오성만의 탓이 된다.

"인간은 종종 자신의 표상에서의 주관적인 요소를 객관적인 것으로 간주한다. (예를 들어 우리가 그 각이 보이지 않는 멀리 있는 탑을 둥근 것으로 간주하고, 더 높이 있는 광선으로 사람의 시선을 붙잡은 바다의 먼 부분이 해안보다 높다고 간주하며—— 먼 바다(altum mare), 지평선 위로 달이 떠오를 때 안개 자욱한 공기 사이로 본 보름달은 동일한 각도에서 그것을 본다 하더라도 달이 하늘 높이 있을 때보다 더 멀리 있는 것으로, 따라서 더 큰 것으로 간주한다.) 이처럼 현상을 경험으로 간주하고, 그렇게 함으로써 감각의 결함에 의해서가 아니라 오성의 결함에 의해서 오류에 빠지게 된다."[14]

논리학이 감성에 제기하는 이 비난은 제거될 필요가 있다.

감성, 다시 말해 직관에서의 표상 능력은 두 가지 요소, 즉 감각과 상상력을 포함한다. "전자는 대상이 현존하는 경우의 직관 능력이며, 후자는 부재하는 경우이다."[15]

---

13) *Ibid.*, I, §11.
14) *Ibid.*
15) *Ibid.*, I, §15.

칸트는 또한 **외적** 감각들과 **내적** 감각을 구별한다. 전자는 물질적 사물에 의해 생기는 인간 육체의 정감을 참조하는 것이고, 후자는 정신의 정감을 참조하는 것이다.

게다가 세 가지 감각, 즉 촉각·시각·청각은 주관적이기보다는 객관적이다. "경험적 직관이라는 이름을 지닌 이들은 관계된 기관의 의식 속에서 활동을 하기보다는 외부 대상의 **인식**을 위해 더 애쓰고 있다."[16] 두 감각, 미각과 후각은 객관적이기보다 주관적이다. 전체가 기관 인상을 지닌 감각들을 형성한다. 이러한 감각들은 "동물이 대상을 식별하도록 자연이 제공한 외부로 향한 입구처럼"[17] 구성한다. 칸트에 의해 검증된——각각의 특성에 따라——감각에 관한 후세의 분석과 고대인들이 우리에게 남긴 분석을 비교해 보는 것이 유익할 것이다. 많은 일치점과 대칭점이 나타날 것이다.

논증된 첫번째 감각인 촉각은 유일하게 **직접적** 외부 지각을 하는 가장 중요한 감각으로 가장 확실하게 가르치지만, 그럼에도 가장 상스러운 감각으로 불린다. 이 감각 없이 사실상 어떻게 물질의 형상이 표상될 수 있는가?

시각과 청각은 간접적(médiats) 감각 영역에 속한다. 그것들은 하나는 공기, 다른 하나는 빛에 좌우된다. "청각 작용의 규칙적인 놀이인 음악은 믿을 수 없을 정도로 활발하고 다양한 움직임과 더불어 새로운 힘을 생명 감성에 부여한다."[18] 시각 덕분에

---

16) *Ibid.*, §16.
17) *Ibid.*

우리는 거시적 혹은 미시적인 '우주의 구조,' 그것의 형상, 빛깔, 무한한 다양성, 예상 밖의 형태화들을 발견할 것이다.

"시각의 감각이 청각보다 더 필수불가결한 것은 아니지만, 더 고상한 감각이다. 즉 모든 감각 중에서 시각은 지각의 가장 제한된 조건을 형성하는 촉각에서 가장 멀리 떨어져 있다. 그리고 다른 감각들보다 순수 직관(주목할 만한 인상을 개입시키지 않고 주어진 대상을 직접적으로 표상)에 더 근접해 있다."[19]

이 세 가지 외적 감각은 주체가 대상을 주체 자신과는 별개로 주체 외부에 있는 사물로서 인식하도록 한다. 더 주관적인 미각과 후각이 '향유의 감각'이라고 할 때 촉각·청각·시각은 '지각의 감각'이다.

우리는 단지 철학사에서의 어떤 문제들이 반복되는 것을 확인할 수 있을 뿐이다. 어떤 조건과 매개에 따라서 감각 기관들이 인식하는 능력과 외부 세계의 진리를 최대한 잘 이해하는 능력에 아주 밀접하게 관계되는 이유와 방법을 밝히는 것은, 그리스 철학 이래로 계속되는 철학적 성찰의 양축 중 하나이다.

이를테면 감각은 육체의 사유를 표상한다. 육체의 사유는 그것이 종종 야기할 수 있는 혼란과 착각의 중심지이므로, 정신의 올바른 행보를 훼손시키고 탈선시킬 수 있는 추론의 오류와 같

18) *Ibid.*, §18.
19) *Ibid.*, §19.

은 이유로 위험 요소가 될 수 있다. 그러나 병리학이 규범을 정해야만 하는가?

닫힌 이성의 비판

파스칼은 이성을 감각만큼 기만적인 힘을 지닌 것 중의 하나로 꼽는다.

"인간은 신의 은총 없이는 지워지지 않는 선천적인 오류들로 가득 찬 주체에 불과하다. 아무것도 인간에게 진리를 보여 주지 않는다. 모두가 그를 기만하고 있다. 진리의 두 원리인 이성과 감각은 둘 모두 진실하지 않을 뿐만 아니라, 또한 서로서로 기만하고 있다."[20]

기독교 신앙을 변호하는 관점에서 그는 신의 은총 없이 육체와 정신의 길을 통해 진리에 접근하는 문제를 제기하고, 그것에 부정적으로 대답한다. 엄격하게 철학적 측면에서 비관론자이거나 회의론자인 파스칼은 진정한 인식, 즉 진리의 인식으로 우리를 이르게 하기 위해 신앙에 호소한다. 감각과 이성 너머에 있는 신앙은 그것들과 다르다. 그렇다면 신앙은 정말로 그것들과 대립되는가? "신앙은 감각이 말하지 않는 것을 잘 말해 준다. 그러

---

20) 파스칼, 《팡세 *Pensées*》, éd. Brunschvicg, Garnier, 1964, pensée n° 83.

나 감각이 보는 것과 반대되는 것을 말하지는 않는다. 신앙은 감각 이상의 것이지만 반대되는 것은 아니다."[21]

마음——정신의 직관력——은 이성을 열 수 있고, 이성이 경직되거나 헛도는 것을 피할 수 있게 한다. 이성의 마지막 과정은 사물의 무한성이 이성을 초월한다는 것을 인지하는 것이 아닌가? "이성은 만약 자신을 인식하는 데까지 이르지 않는다면 더없이 약한 것에 불과하다."[22]

파스칼은 우리가 '닫힌 이성'이라 부를 수 있는 것을 강력히 규탄한다. 그는 두 가지 극단주의, 하나는 이성을 배제하고, 또 하나는 이성만을 인정하는 극단주의의 문제점을 알고 있다. 그는 어둡고 견고한 칸막이, 즉 육체와 정신, 이성과 마음이라는 칸막이 속에 틀어박혀 있지 말고 벗어나기를 권고한다. 그는 능력과 감각 기관 사이, 그리고 지성의 여러 형태와 방식들, 예를 들어 기하학적 정신과 섬세한 정신 사이의 풍부함과 필요성의 관계를 재확립하고자 끊임없이 노력한다.

그는 더욱 강조하기 위해 정신의 방식들의 상보성과 풍부함을 구별한다. 마음은 감각하는 능력이다. "그것(마음)은 신을 감각한다."[23] 마음은 이성이 자신의 영역에 갇혀 있어서 알지 못하는 자신만의 이성을 가지고 있다. 사실 순서의 판명성을 생각하는 그 사상가는 우리가 그것의 차이들에 대해 알기를 요구한다. 동

21) *Ibid.*, 《팡세》, n° 265.
22) *Ibid.*, 《팡세》, n° 267.
23) *Ibid.*, 《팡세》, n° 278.

시에 그는 풍부함 속에서, 특히 진리에 접근하는 데 있어서, 우리가 그것들을 상호 보완해서 획득하도록 제시한다. 마음과 본능은 이성만큼, 혹은 이성보다 더 진리를 인식한다. 논증·직관·감각의 길은 진리에 이를 수 있는 세 가지 가능한 매개를 표상한다. 만약 나머지 길들이 감각의 길과 항상 함께하면서 그것을 감시한다면, 그 길은 아마도 돌이킬 수 없는 오류를 범하지는 않을 것이다.

회의, 확실성에 이르는 길

자신의 고유한 영역 내에서 인식할 수 있는 권한을 가진 인간 능력에 관한 검증 이외에도, 세상의 진리를 밝히는 감각들과 세상을 구성하는 대상들의 관계에 관한 문제가 여전히 남아 있다.

지각된 대상의 위상은 어떤 것인가? 완전히 현실을 보유하는가, 아니면 지각과 감각성을 부여받은 주체의 지각에 따라 좌우되는가? 감각 기관에 의해 주어진 정보를 얼마나 믿어야 하는가? 그 감각 기관들 중 몇몇은 다른 것보다 인간의 외부에 있는 사물이 지닌 진짜 본성을 더 잘 말할 수 있는가?

고대인들은 그들 나름으로 이러한 질문에 벌써 답을 했다. 최초의 그리스 사상가들의 계승자들은 어느 정도 그들의 분석을 끊임없이 재수용할 것이다. 즉 어떤 이들은 부질없이 그것들을 결부시키거나 말하고자 시도할 판단이나 대상의 측면에서와 마찬가지로 주체의 측면에서 모든 진리를 부정하는 일반화된 회의

주의를 전개하고 있고, 또 다른 이들은 사유의 힘 혹은 사유 바깥에 있는 현실의 힘을 과대평가하려는 독단주의를 전개하고 있다.

　오류와 착각에 대한 문제, 그리고 때로는 몰아내기 어려우면서도 인간 인식이 끊임없이 재론하는 것을 막는 것 같은 기만적 기제들에 대한 문제가 이 토론의 중심에 있다. 주체나 대상 중에서 어느것이 더 이 문제에 책임이 있는가? 인간 속의 어떤 능력이 이 오류들을 만들어 내는 것인가? 때로 정신의 모든 진보에 장애물인 자의적 혹은 비자의적, 전적인 혹은 부분적인 무지 속에 빠지지 않기 위한 단 하나의 확실한 길로서 회의가 나타난다.

　여러 가지 형태의——회의적·방법적·궁극적——회의는 명백한 것에 이르기 위해, 확실성을 얻기 위해 강요된 통로인가? 그리고 어떤 확실성인가?

V

'내가 잘못 판단한다면,
내가 존재하기 때문이다'

방법론의 필요성

수학에서 처음 발견한 **명석·판명성**에 매혹된 철학자 데카르트는 확실하고 보장된 토대 위에서 자신의 추론을 세우고자 했다. 게다가 그는 《방법서설》의 유명한 표현을 재인용하면서 완전히 그만의 것인 토대 위에서 그의 추론을 세우려 했다. "나는 결코 나의 고유한 사유를 개혁하고자 애쓰는 것보다, 그리고 완전히 나만의 것인 토대 위에서 세우는 것보다 더 앞서 나의 의도를 피력하지 않았다."[1]

사유의 자율성, 진리에의 욕망, 확인된 방법론을 매개로 한 확실성의 추구, 이러한 것들은 지적인 과정에 있어서 주요한 주축이며, 이러한 지적 과정은 그 기초가 되는 원리들의 명증성에 따라 무용한 것이 되지 않도록 잘 조절한다. 지적 명증성에 이르

---

1) 데카르트, 《방법서설 Discours de la méthode》, IIe partie, Vrin, 1964, p.64.

기 위해서는 우리가 단호하게 지켜야만 하는 하나의 노선이 필요하다.

방법론의 첫번째 규칙은 오류의 가장 빈번한 원인들, 즉 속단과 편견을 규명하는 것이다.

속단은 오성을 부족하게 혹은 불충분하게 사용하는 것에서 비롯된 것으로, 세심하게 검증할 시간을 갖지 않고 사물에 관한 의견을 제시하는 것을 내포한다.

편견은 우리를 마비시키는 모든 선입관을 포함한다. 왜냐하면 여전히 우리는 검증 없이 너무 성급하게 그것들을 진실이라고 생각하기 때문이다. 오직 관념의 명석·판명성만이 오성의 탈선을 막을 수 있다. 명석·판명성은 정확함, 엄격함, 완벽한 범위 설정, 그리고 혼돈과 모호함의 부재를 동시에 포함하는 것으로서 오성에는 불가피할 것이다. 이 명석·판명성은 오성의 동의를 이끌어 내고, 회의적 상황들을 사라지게 할 것이다.

명증성은 진실과 같은 기준이 아닌가? 이 계획을 위해 데카르트는 문제의 분석과 분류의 중요성, 단순한 것에서 복잡한 것으로 가면서 그의 사유를 이끌 수 있는 순서의 필요성, 아무것도 빠뜨리지 않았다는 것을 확신하기 위한 열거의 필요성을 제시한다.

수학적 모형은 방법론의 네 가지 원칙에 잠재되어 있다. 사실 데카르트는 "인간 인식의 범위에 들어갈 수 있는 모든 사물은 [기하학에서의 '추론의 긴 연쇄와'] 같은 방식으로 서로 이어져 있으므로, 진실 아닌 어떤 것도 진실로 받아들이는 일 없이 그것들의 서로서로를 연역하는 데 필요한 순서를 항상 지키기만한다면 아무리 멀리 떨어져 있다 하더라도 결국은 도달할 수 있는 것이고, 아무리 숨겨진 것이라도 결국은 발견할 수 있다"[2]는 사실을 확신한다. 철학자는 수학적 인식에 절대적 확신을 부여하고, 그것을 모든 인식의 전형으로 삼아 방황하거나 실수하는 무지한 인간의 성향을 가능한 한 줄이고자 한다.

진실, 거짓, 가능

제3자 배제(tiers exclu)의 논리가 지적 인식을 지배한다. 그것은 제3의, 혹은 세번째 가설을 불가능한 것으로 배제한다. 의심스럽거나, 혹은 단지 가능하기만 한 모든 것은 거짓이다. 진리 탐구는 데카르트에게 다음의 논리를 강요한다. 즉 조금이라도 의심스럽게 생각될 수 있는 모든 것은 '절대적으로 거짓'인 것으로 거부하고, 그렇게 해서 완전하게 안정되고 확실한 어떤 것이 남아 있는가를 보아야만 한다. 《방법서설》의 4부가 이러한 규정에 관해 언급하고 있다.

《방법서설》의 작가는 이미 앞의 몇 페이지에서 '어떤 지연도 겪지 않은' 행위의 긴급성에 관하여 세 가지 가치(진실 · 거짓 · 가능)의 논리가 지닌 장점을 확립했다.

도덕적인 실천은 거짓의 범주로서 가능을 거부한 것이 아니라 확실성의 잠재적인 요인으로 가능을 인정한 것이다. 순수 사유

---

2) 데카르트, 《방법서설》, IIe partie, *op. cit.*, p.71.

에 관련한 경우에는 사정이 완전히 다른데, 거기서 그 긴급한 가치들은 동일한 속성을 지니지 않는다.

행위에서 용서할 수 있고 참을 수 있는 것이 사유에서는 전혀 그렇지 않다. 다른 법칙의 지배를 받는 영역들은 최종적으로 구별된다. 비록 행동의 동기들이 의심스럽다 할지라도 행위에서 중요한 것은 확고함과 결단력이다. **마치 동기들이** 확실한 것처럼 행동해야만 한다.

그러나 데카르트는 사유와 관련해서 '바위나 진흙'을 발견하기 위해 '움직이기 쉬운 땅과 모래'를 거부한다. 감성적 인식——물질적 속박과 분리된 사유의 자유로운 행로를 허락하는——과 행위에 관한 일시적 잠언들은, 아르키메데스처럼 그가 추구하는 **확고부동한 점**에 이르지 않는다.

"아르키메데스가 지구 전체를 그 자리에서 떼어내 다른 장소로 옮기기 위해 요구한 것은 확고부동한 점뿐이었다. 이렇게 만약 내가 확실하고 의심할 여지없는 무언가를 찾을 만큼 충분히 행복하다면, 큰 희망을 품을 권리가 있을 것이다."[3]

진리에 이르기 위해서는 자신의 바깥이 아니라 자신 안을 탐구해야만 한다.

---

3) 데카르트, 《성찰 *Méditations métaphysiques*》, II, PUF, coll. 〈Les grands textes〉, F. Khodoss 역, 1963, p.36-37.

데카르트적 코기토, 아우구스티누스적 코기토

데카르트는 그때까지 진실이라고 생각했던 모든 것을 거짓으로서 거부한다. 그가 깨어 있으면서 본 모든 것이 잠자는 동안 지각한 것보다 더 정당하다는 것을 증명해 주는 것은 아무것도 없다. 감각과 지각은 흔히 혼란스런 상황이고, 추론은 또한 오류에서 자유롭지 못하다. 그래서 그는 그때까지 그의 정신을 채우고 있었던 모든 것들이 그의 꿈속의 환상보다 더 진실하지는 않다는 사실을 믿는 것처럼 가장한다. 그것은 《방법서설》의 4부 서문에서부터 나타난다.

"그러나 나는 곧바로 깨달았다. 내가 이처럼 모든 것이 거짓이라 생각하고 싶어하는 동안에도 그것을 생각하고 있던 나는 반드시 무엇이어야만 한다고. 그리하여 나는 '나는 생각한다, 그러므로 존재한다'는 진리가 회의론자들의 어떠한 터무니없는 상정에 의해서도 흔들리지 않을 만큼 견고하고 확실한 것이라는 점을 인정하였으므로, 이 진리를 내가 찾고 있었던 철학의 제1원리로서 안심하고 받아들일 수 있겠다고 판단했다."[4]

그러므로 **나는 생각한다**는 방법론의 세번째 규칙에 따라 순서적으로 생각하는 정신에 첫번째로 나타나는 진리이다. 직접적으

---

4) 데카르트, 《방법서설》, IV⁰ partie, *op. cit.*, p.89.

로 명증적인 직관은 어떤 추론으로도 증명되지 않는다.

《방법서설》은 인간이 '무엇인지'를 주의 깊게 검증하고, 인간의 본질은 단지 생각한다는 데 있다는 것을 발견한다. 그것을 위해 '어떠한 장소의 필요'도 '어떠한 물질적인 것의 필요'도 없다.

"따라서 이 자아, 다시 말해 나를 나답게 하는 영혼은 육체로부터 완전히 구별되는 것이고, 또한 영혼은 육체보다 인식하기가 훨씬 수월하다. 그리고 비록 육체가 전혀 존재하지 않는다 해도 영혼은 영혼으로서 존재하기를 그만두지 않을 것이다."[5]

육체와 **실재적으로** 구별되는 사유를 긍정하는 것은 데카르트적 이원성의 진가를 발휘하게 한다. 《성찰》 6부는 두 실체의 판명성을 다시——종합적으로——다룬다. 인간은 그의 정신으로, 연장되지 않은 **'생각하는 무엇**(res cogitans)'이다. 게다가 인간은 결코 **생각하지 않는**(non cogitans)——그리고 **연장된 무엇**(res extensa)——육체와 구별되는 관념을 가진다. 사유는 하나의 공간 속에 있지 않는다. 그러나 육체는 거기에 예속된다.

자아는 육체와 완전히 구별되고, 육체 없이 존재할 수 있는 영혼을 가리킨다. 《성찰》의 길은 현재 막혀 있다. '나는 누구인가'라는 질문에 대한 답인, 《성찰》 2부는 사유가 인간 정신의 본질적인 속성이라는 것을 주목했다. 오직 사유만이 정신과 분리될 수가 없다.

---

5) *Ibid.*, p.91.

"나는 있다, 나는 존재한다, 이것은 확실하다……. 그래서 엄밀하게 말하자면 나는 단지 **생각하는 무엇**, 다시 말해 하나의 **정신**(mens, sive animus), 하나의 **오성**(intellectus), 혹은 하나의 **이성**(ratio)이다."[6]

《성찰》의 종결부는 정신과 육체의 실체적인 판명성에 관한 것이다.

생각하는 무엇에 관련된 이 부분은 진정한 '데카르트적 혁명'을 나타내지만, 그것의 기원을 알고 아우구스티누스적 과정을 따라가 보는 것은 중요하다. 아우구스티누스는 4~5세기부터 인간의 착오 가능성의 보고서를 바탕으로 모든 것의 토대로서 사유의 원칙에 이르렀다.

아우구스티누스는 그의 논저 《자유의지론》과 존재의 세 가지 속성——실존·삶·지성——에 관한 성찰로부터, 돌은 어떤 방식으로 존재하고 있다는 것과 동물이 살고 있다는 것, 그러나 오직 인지하는 인간만이 실존과 삶을 동시에 소유한다는 것을 제시한다. 생물진화계통표에서 증명된 우위성의 징표인 지성은 사실상 두 개의 또 다른 속성을 내포한다. 정교하게 구상된 놀라운 점층법을 통해 아우구스티누스의 저서들은 조금씩 사유의 명증성에 관해 밝히고 있다.

390년에 씌어진 《참된 종교》는 첫번째 명증성으로서 회의라는 사실을 제안한다.

---

6) 데카르트, 《성찰》, II, *op. cit.*, p.41.

"만약 네가 내가 말한 것을 잘 이해하지 않고 이것이 진실임을 의심한다면, 적어도 네가 의심한다는 사실은 의심하지 않는다는 것을 이해해라. 그리고 만약 네가 의심하고 있는 중인 것이 확실하다면, 이 확실성의 토대를 찾아라. 그러면 물론 그것은 더 이상 우리의 태양빛이 아니라 이 세계로 온 모든 인간의 조명이며, 진정한 빛으로(요한, 1, 9) 너는 너의 길에서 그것을 발견할 것이다. [⋯] 그래서 진리의 실존을 의심하는 사람은 누구라도 그의 회의로부터 모든 토대를 제거하는 진실한 대상을 그 자신 속에 소유한다. 그러나 진실한 어떤 것도 단지 진리를 통해서만이 진실될 뿐이다."[7]

이 확실성은 시각적이거나 육체적인 가시성의 세계에는 전혀 속하지 않는다. 그것의 토대는 신적인 성격을 지닌다.

416년에 씌어진 《삼위일체론》에서 아우구스티누스는 감각의 오류, 광적이거나 몽환적인 착각의 오류에 관한 보고서를 구실로 삼아 모든 것을 의심한다. 그러나 "자신이 살아 있다는 것을 알고 있다고 단언하는 사람은 결코 잘못 판단하거나 거짓말을 할 수 없다. '나는 내가 살아 있다는 것을 안다'라고 말하는 사람에게 수천 개의 기만적 환상의 예를 들어 반대해 보라. 그는 그 모든 것 중 어떤 것도 두려워하지 않을 것이다. 왜냐하면 잘못 판단한 사람이 살아 있기 때문이다."[8] 삶의 직관은 강한 확실

---

7) 아우구스티누스, 《참된 종교 De vera religione》, XXXIX, 73, J. Pegon 역, Desclée de Brouwer, 1951.

성이고, 어떤 것도 우리에게서 그것을 빼앗을 수 없다. 내적 인
식으로부터 우리는 우리가 살아 있다는 것을 안다. "그가 자든
지 깨어 있든지간에 (주체에 있어) 문제는 수면으로 인해 착각할
수 있는 확실성이다. 왜냐하면 꿈속에서 보는 것만큼 잠자는 것
역시 산 자의 일이기 때문이다."[9] 아우구스티누스는 이렇게 회
의론자들과 그들의 논증이 이기도록 종종 내버려두는 나태한 사
람들을 반박한다.

마침내 저자는 약 410~426년에 씌어진──410년 알라리크
의 로마 약탈 이후──《신국》에서 결정적인 최종 종합을 하게 된
다. 저자는 이 책에서 공인된 인간의 착오 가능성을 바탕으로 해
서 인간 실존의 부인할 수 없는 확실성을 연역한다.

"내가 잘못 판단한다면, 내가 존재하기 때문이다(si enim fallor,
sum). 존재하지 않는 사람은 물론 잘못 판단할 수도 없다. 그래서
내가 잘못 판단한다면, 그것은 내가 존재하기 때문이다. 그러므
로 내가 존재하는 이상 만약 내가 잘못 판단한다면 어떻게 내가
존재한다는 것을 믿으면서 잘못 판단하는가, 만약 내가 잘못 판
단한다면 내가 존재한다는 것은 언제 확실한가. 그러므로 내가
잘못 판단하면서 존재했었기 때문에, 비록 내가 잘못 판단했다
할지라도 확실히 나는 내가 존재한다는 것을 알고 있다는 점에서

---

8) 아우구스티누스, 《삼위일체론 *De Trinitate*》, XV, XII, 21, P. Agaësse 역,
Desclée de Brouwer, 1955.

9) *Ibid.*

는 잘못 판단하지 않는다(quod me novi nosse, non fallar). 마찬가지로 말할 수 있다. 나는 내가 나 자신을 인식한다는 것을 알고, 또한 잘못 판단하지 않았다는 것을 안다. 왜냐하면 바로 그와 같은 방식으로 나는 나의 실존을 인식하고, 내가 나를 인식한다는 것을 또한 알기 때문이다."[10]

아우구스티누스와 데카르트 사이의 유사성은 쉽게 찾아낼 수 있다. 우선 각자가 순서에 따라 생각할 필요성을 규정한 것에 주목하자. 다음으로 우리의 확실성 중 첫번째로, 그리고 가장 명증한 것으로서 제시된 사유의 실존, 그리고 이 확실성의 근본 성격, 왜냐하면 이 확실성은 비록 인식하는 사유가 잘못되었다 하더라도 여전히 명증하게 남아 있으므로. 마지막으로 두 사람의 학설에서 그 첫번째 명증성은 신과 결부되어 있다.

1641년 《성찰》의 처음 2부와 1637년 《방법서설》의 4부, 그리고 《신국》은 회의론자들의 기만적인 논증을 비난하고, 그들이 첫번째 확실성을 관념적이지만 감성적이지 않은 성격으로 확립하는 것을 반박했다.

그들은 사고하는 의식의 **내적 인식**(intima scientia)에 도움을 청하는데, 그 의식은 회의라는 작용을 통해 자신의 실존과 신성하고 완전하고 무한한 제1원리의 실존을 발견한다. 회의하는 것은 잘못된 지식의 정정이나 완벽함을 원하는 본성의 불완전성을

---

10) 아우구스티누스, 《신국 La Cité de Dieu》, XI, 26, G. Combès 역, Desclée de Brouwer, 1959.

공식적으로 인정하는 것이 아닌가? 피조물로서의 그의 조건의 유한성을 인식하는 것이 아닌가? 회의와 욕망은 자아 속에 완전의 관념이 실존함을 더욱 잘 입증한다. 이 관념, 그리고 오직 그것만이 내가 누구인지, 그리고 내가 무엇인지를 평가하고 비교하게 하는 규범이다.

"만약 나보다 더 완전한 존재——그 존재와 비교하여 나는 나의 본성의 결점을 인식하게 될 것이다——에 대한 관념이 전혀 내 속에 없다면 어떻게 내가 의심한다는 것과 내가 욕망한다는 것을, 다시 말해 무엇인가 내게 결여되어 있고 내가 완전하지 않다는 것을 인식할 수 있겠는가?"[11]

《성찰》은 또한 《방법서설》을 상기시킨다.

"나는 나 자신보다 더 완전한 무언가에 관해 사유하는 것을 어디서 배웠는지에 대해 탐구하는 것을 생각해 냈다. 그래서 나는 그것이 사실상 더 완전한 어떤 본성을 지닌 존재일 것이라는 바를 명증적으로 인식했다……. 나는 나 자신으로부터 [더 완전한 어떤 존재의 관념을] 끄집어 낼 수 없었다. 따라서 그 관념은 정말로 나보다 더 완전한 본성, 즉 자신 속에 모든 완벽함을——나는 그것들 중 몇 가지만 알 수 있었다——지닌, 다시 말해 한마디로 설명하자면 신이라는 본성에 의해 나의 내부에 놓여졌던 것이라

---

11) 데카르트, 《성찰》, III, *op. cit.*, p.69-70.

고 할 수밖에 없었다."[12]

회의의 길은 데카르트가 '오류와 허위에 대해 덜 의심받을 수 있고,' 매우 명석·판명하며, 가장 객관적——다시 말해 가장 현실을 투사하는——이고 가장 진실한 관념, 즉 신의 관념에 이르도록 한다. 잠재적인 신성 안에서는 어떤 것도 나타나지 않지만, 그 속에서 모든 것은 아주 오래 전에 완성되어 현행적이다. 반면에 인간 인식의 특성은 조금씩 성장하고 서서히 증대하는 데 있다.

데카르트는 신이 '내 실존을 만든 이'이고, 그 지속 시간의 모든 순간 동안 나의 실존이 유지된다는 것을 전혀 의심하지 않는다. 자연적 친자 관계로는 인간의 진정한 본성을 충분히 밝힐 수 없다. 부모는 물론 자연적 실존을 만든 사람이지만, 신은 사고하는 무엇으로서의 인간 실존의 근원에 속하는 것이다.

회의는 완전한 **존재**의 관념에 이어서 신의 실존을 증명하는 것에 이르렀다.

"내가 존재한다는 것과 더할 수 없이 완전한 존재(다시 말해 신)의 관념이 내 속에 있다는 것, 오직 이 사실 하나만으로 신의 실존은 아주 명증하게 논증된다는 것을 반드시 결론지어야만 한다."[13]

"또다시 완전한 존재에 대해 내가 가지고 있는 관념을 검증하

---

12) 데카르트, 《방법서설》, IV, *op. cit.*, pp.92-93.
13) 데카르트, 《성찰》, III, *op. cit.*, p.77.

는 것으로 되돌아가면, 나는 그 관념 속에는 실존이 포함되어 있다고 생각했는데, 그것은 마치 삼각형의 관념 속에는 그 세 각의 합이 두 직각과 똑같다는 것이 포함되고, 원의 관념 속에는 모든 부분이 중심으로부터 똑같은 거리에 있음이 포함되는 것과 마찬가지거나 그보다 훨씬 더 명증적인 것이라고 생각했다. 그래서 이 완전한 존재인 신이 있거나, 혹은 실존한다는 것은 적어도 기하학의 어떤 논증 못지않게 확실하다고 생각했다."[14]

나에게 진리에 대한 환상을 준 이 영리한 천재의 가설이 이번에는 결정적으로 제거되었다. 속임수는 어떤 방식으로도 완벽함의 전유물이 될 수 없다.

신의 관념은 육체적 본성을 띤 한정된 상상력에 의해서만큼이나 감각의 매개를 통해서도 내가 불완전한 피조물이라는 사실에서 기인할 수는 없다. "그것(관념)은 내가 창조된 순간부터 나와 함께 태어났고 생산되었다"[15]라고 데카르트는 인정했다. 작가가 그의 저서에 한 표시, 본유 관념은 궁극인(窮極因)의 산물로서 창조주와 피조물을 연관짓는다.

《성찰》 3부의 종결부는 공공연하게 종교적인 어조로, 인간 정신이 어떤 조건에서——자기 자신 속으로 되돌아가는 조건——얻을 수 있는 신의 관조와 '이 거대한 빛의 비할 데 없는 아름다움'의 찬양과 외경의 은혜를 제시한다. 기쁨은 이러한 정신의

---

14) 데카르트, 《방법서설》, IV, *op. cit.*, p.96.
15) 데카르트, 《성찰》, III, *op. cit.*, p.78.

계시 과정에 전혀 생소한 것이 아니다. 합리적인 길은 어떤 의미에서——데카르트가 말한 것 같다——신앙을 위한 준비가 되고, 지식은 믿음을 위한 준비가 된다.

아마도 데카르트가 직·간접적으로 아우구스티누스나 아우구스티누스적 전통에 영향을 받았다고 전적으로 확언하는 것은 힘들 것이다. 베륄의 전문가 요한 다젠스 교수의 다음과 같은 말을 제외한다면 말이다. "17세기는 아우구스티누스의 세기이다."[16]

사유에 있어서 학설의 밀접한 유사점들을 밝힐 것이 많은데, 이로 인해 데카르트적 **코기토**의 독창성이 무의미한 것으로 변질되지는 않을 것이다. 에티엔 질송이 아주 정확하게 지적했듯이 철학자 서로에게 있어 회의론적 회의는 감성적 원인으로 인한 질병이고, 그것의 유일한 치료책은 사유의 명증성이다. 이 첫번째 확실성은 영혼의 정신성을 논증함으로써——우리가 앞서 본 것처럼——신의 실존을 증명한다.

회의하는 것은 사실상 인간 사유의 본질적인 첫번째 속성이다. **생각하는 무엇**은 회의하고, 생각하고, 확신하고, 부정하고, 원하고, 원치 않고, 또한 상상하고 감각한다. 회의하고 감각하는 것은 사유의 고리의 두 끝을 이룬다.

"나는 생각하는 무엇, 다시 말해 의심하는, 확신하는, 부정하는, 약간 알고 있는, 많은 것을 모르는, 사랑하는, 증오하는, 원하

---

16) 필리프 셸리에르, 《파스칼과 아우구스티누스 *Pascal et saint Augustin*》, Albin Michel, 1995, préface, p.I.

는, 원치 않는, 그리고 또 상상하고 감각하는 무엇이다."[17]

빛은 생각하는 실체인 인간의 본질에서 만들어진다. 게다가 정신이 육체보다 인식하기 더 쉽다는 것과 더 적은 어둠의 영역을 나타낸다는 것이 증명되었다. 빛은 또한 신의 관념에서 만들어진다.

"신의 이름으로 나는 무한하고, 영원한, 변함없는, 독립적인, 전지전능한 실체를 이해한다. 그 실체를 통해 나 자신과 존재하는 다른 모든 것들이(존재하는 무엇인가가 있다는 것이 사실이라면) 창조되었고 생산되었다."[18]

《성찰》 5부에 나타난 것처럼 그의 실존은 게다가 하나의 완벽함이다. 이러저러한 핑계로 그 실존에서 완벽함을 제거하려는 것은, 결국 단순히 신을 부정하거나 혹은 신속에 부인 혹은 불완전성——부조리한 것——을 투사하는 것이 된다.

"날개 달린 말을 상상하든 날개 없는 말을 상상하든 그것이 내 자유인 것과는 달리, 실존이 결여된 신(다시 말해 최고의 완벽함이 없는 최고로 완전한 존재)을 생각하는 것은 나의 자유에 속하는 일이 아니다."[19]

---

17) 데카르트, 《성찰》, II et III. *op. cit.*, p.43, 52.
18) *Ibid.*, III, pp.68-69.

신의 실존에 관한 수학적이고 철학적인 증명은 사유라는 유일한 작용을 바탕으로 주어진다. 결핍이나 결함이라는 실존적인 중개를 통해 완전을 사유하는 것은 완벽함의 관념으로 그의 실존의 필요성을 논리적으로 연역하게 한다. 신은 존재하는 것과 인식하는 것의 토대가 된다. 달리 말하면 신은 진리의 근원이다.

세 종류의 관념

《방법서설》은 명석·판명한 관념들이 모두 진실하다고 단언하는데 "왜냐하면 신은 존재하거나 실존하고, 게다가 완전한 존재이며, 또한 우리 속에 있는 모든 것이 신으로부터 유래하기 때문이다."[20]

신이 우리 속에 부여한 관념들은 실재적이고 진실하다. 어떠한 모호함 혹은 불확실성의 요인으로도 훼손되지 않은 그 관념들은 우리의 추론과 사유의 정확성을 전적으로 보증한다. 반대로 바깥에서 기인하여 나에게 생소한 관념들, 혹은 내가 상상력의 환상으로 만들어 내거나 발명한 관념들은 정반대로 이러한 진리의 확신을 제시할 수 없다.

전자의 우연적인 관념들은 "나의 동의 없이 흔히 나에게 **일어나고**" "나의 의지에 좌우되지 않고" "나와 상관 없이 내 앞에 나

---

19) *Ibid.*, V, p.102.

20) 데카르트, 《방법서설》, IV, *op. cit.*, p.98.

타난다."[21] 후자의 형성 관념들은 나에 의해 만들어진다. 이처럼 "세이렌과 히포그리프, 다른 모든 유사한 괴수들은 나의 정신이 만들어 낸 창조물이자 허구이다." 본유 관념들은 감각이나 상상력에 전혀 기인하지 않는다. 정신처럼 나와 닮은 관념, 혹은 신의 관념은 그것들의 본보기적인 모습이다. 그것들은 나의 사유 속에 포함되며 외부의 영향도, 넘치는 상상력의 영향도 받지 않는다.

데카르트는 그의 저서에서 밀랍 조각의 예를 들었는데, 그 분석은 세 가지 형태의 관념을 제시한다. 우연적인 관념은 지각된 대상의 취급에 따라 좌우된다. 데워진 혹은 차가워진 밀랍은 똑같이 감각되지 않고, 그 존재나 나타남에 관해 같은 정보를 전달하지 않는다.

형성 관념을 생산하는 상상력은 그 육체의 프리즘으로 지각을 훼손시키거나 변형시키면서 아마도 지각을 마음대로 지배했을 것이다. 상상력은 아마 밀랍의 갖가지 상태들을 상상할 것이다. 밀랍을 통해 '연장된, 가변적인, 변하기 쉬운 어떤 것'만을 '보는' 개념 작용, 즉 본유 관념만이 믿을 만한 것으로 남게 된다.

연장의 본유 관념은 혼돈스럽고 모호한 방법이 아니라 명석·판명한 방법으로 밀랍 오브제, 질료적 물체를 이해하도록 한다. 우리는 감각이나 상상력에 의해서가 아니라 정신 속에 있는 판단하는 유일한 능력에 의해서만 이해한다. 오성의 작용과 오성만이 인식의 보증인으로 드러난다.

---

21) 데카르트, 《성찰》, III, *op. cit.*, p.58. 또한 pp.57-61 참조.

"우리는 상상력이나 감각에 의해서가 아니라, 오직 우리 안에 존재하는 이해 능력에 의해서만 물체들을 생각한다. 우리는 보고 만지는 것으로써 물체를 인식하는 것이 아니라 오직 사유에 의하여 물체를 생각함으로써 그것들을 인식하는 것이다."[22]

사유로서 자기 자신을 인식해야 한다. 세상의 사물들을 적절하게 판단할 수 있으려면 물체들의 본질적 속성인 연장을 인식해야 한다. 감각 작용이나 상상력이라는 기만적인 함정에 빠지지 않으려면 본유 관념의 명증성에까지 도달해야 한다. 달리 말하면 신의 인식에까지 이르러야 하고, 판단 순서에 있어서 오류를 범하지 않거나 덜 범하였음을 확신하기 위해서는 신의 인식을 잊어서는 안 된다.

인간의 불완전함은 신의 완전함이 될 수는 없으나, 적어도 그 불완전함은 신의 완전함에 의해 가능한 한 최대로 밝혀져야 한다. 그리고 이것은 만약 무한한 의지가 유한한 오성에 의해 규제되지 않는다면, 외부뿐만 아니라 내부에서도 발생하는 착각과 왜곡에 대항하여 지속적으로 투쟁함으로써 밝혀져야 한다.

정신은 오성──감각하고 상상하는 것은 비록 그 가장 낮은 단계일지라도 사유 과정의 일부를 이룬다──임과 동시에 의지──긍정·부정·욕망·혐오는 때로 지적인 빛을 충분히 받지 못한──에 속한다.

명석·판명한 관념의 힘은 자유 의지가 탈선할 가능성이 최소

---

22) *Ibid.*, II, p.51.

화될 수밖에 없을 정도여야 한다.

"신이 나를 세계 속에 창조함에 있어서 가장 고상하고 완전한 사물의 계열에 두기를 원하지 않았다고 해서, 내가 불평할 권리를 갖고 있는 것은 아니다. 그러나 비록 신이 나에게 앞에서 말한 첫번째 방법, 즉 내가 숙고할 수 있는 모든 것에 대한 명확하고 명증적인 인식에 좌우되는 그 방법을 통해 과오를 범하지 않을 덕목을 주지 않았다 하더라도 적어도 신은 내가 다른 방법, 즉 그 진리가 분명하게 인식되지 않는 것에 대해서는 절대로 판단하지 않는 방법을 나의 능력에 부여했다는 것에 나는 만족한다."[23]

달리 말하면 인간은 과오를 범하지 않는, 다시 말해 좀더 적극적으로 진술함으로써 진리의 인식에 도달하는 습관을 가져야 하고 또 그럴 수 있다. 신이 인간 속에 부여했던 '진리의 씨앗' —— 따라서 이것은 또 다른 방식으로 본유 관념들을 나타낸다——은 사유와 행위의 순서에 있어서 인간을 똑바로 인도하기 위해 있는 것은 아닐까?

능동성과 수동성: 오성, 정념, 그리고 의지

데카르트는 《정신 지도 규칙》 8부에서 이미——1627년이나

---

23) *Ibid.*, Ⅳ, p.94.

1628년 즈음——어떤 인식도 오성의 인식에 앞서 나타날 수 없는데, 그것은 바로 나머지 모두가 오성에 좌우되기 때문이라는 점을 밝혔다. 두 가지 다른 인식의 도구, 즉 상상력과 감각은 이른바 오성에 덧붙여지는 것이다. 데카르트는 그런 것들을 진리를 향한 길——그 중에 어떤 것들은 다른 것들보다 더 확실한데——로서 세밀하게 식별할 필요성을 제시했다. 오성만이 진리와 인식에 이를 수 있을 만한 것으로 제시된다면, 상상력·감각 및 기억은 오성을 도울 수도 방해할 수도 있다. 그러므로 각각의 이 능력들이 조심하기 위해서는 어떤 점에서 우리를 해칠 수 있는지, 경우에 따라서는 어떤 점이 우리에게 유용할 수 있는지를 '순서에 따라' 살펴보아야 한다.

규칙 12는 한발 더 나아가 이 능력들의 능동적 협력이 가져오는 풍부함을 제시한다.

"오성·상상력·감각 및 기억의 모든 도움을 이용해야 한다. 이것은 단순한 명제들에 대한 판명한 직관을 얻기 위해서이고, 또한 우리가 찾고 있는 것들과 우리가 알고 있는 것들 사이에 그 명제들을 인지하게 하는 적절한 연관을 맺기 위해서이며, 또한 어떤 인간적 노력의 원천도 소홀히 하지 않고 명제들 사이에 비교되어야 하는 것들을 찾기 위해서이다."[24]

---

24) 데카르트, 《정신 지도 규칙, 규칙 12 *Règles pour la direction de l'esprit, Règle XII*》, J. Sirven 역, Vrin, 1988, p.71.

확실히 오성만이 '진리를 지각할' 수 있다. 그러나 오성은 세 가지 다른 인식 도구들의 도움을 받을 수 있다. 감각이나 상상력이 오성의 빛을 흐리게 하거나 그럴 위험이 있다면, 무조건 '감각과 상상력을 멀리해야' 할 것이다.

오성은 단순한 본성들——예를 들면 형태, 넓이 및 움직임 ——과 그것들이 복합된 다른 것들을 지각한다. 우리의 오성에 비해 단순하다고 일컬어지는 사물들은 순수하게 질료적으로, 혹은 순수하게 정신적으로, 혹은 육체와 정신에 공통된 것(실존·지속·결합 등)으로 존재할 수 있다. '단순한 본성들'의 속성은 그것들 속에 거짓된 어떤 것도 포함하지 않고 직관에 의해 파악된다는 데 있다. 복합 본성들은 경험과 오성에 의해 인식된다.

진실에 대한 지적인 이해의 두 가지 양태는 직관과 **연역**에, 직접적인 지적 비전과 논리적 증명에 속한다. "진리를 인식하는 데 있어서 명증한 직관과 필수적인 연역 외에는 인간에게 열려진 길은 없다."[25] 이와 같이 인식 과정에 있어서 다음 두 가지가 중요하게 된다. "인식하는 우리와 인식되어야만 하는 대상 자체."[26]

규칙 12의 서문은 데카르트의 체계 전체가 해결하도록 애쓰게 되는 다음 문제를 제시한다. 어떤 적용된 능력들에 의해서 어떻게 '외부'만큼 '내부'를, 주체의 내재성과 세계와 그것을 구성하는 육체들의 외재성을 인식하는가?

《방법서설》과 《성찰》은 독립적인 **선험적** 두 실체, 즉 정신과

---

25) *Ibid.*, p.90.
26) *Ibid.*, p.71.

육체에 대한 판명성을 구상했다. 그러나 단 하나의 존재가 그것들의 결합 무대가 된다.

그 연결에 관한 까다로운 질문이 1649년에 간행된 작품, 《정념론》의 중심을 차지한다. 데카르트에게 (질료적이고 정신적인) 두 실체는 거의 연속적으로 서로서로에게 영향을 미친다. 즉 의지에 의해 영혼은 육체에 영향을 미치고, 육체는 감각 작용·감정·욕구·정념에 의해 영혼에 영향을 미친다.

능동성과 수동성은 인간 안에서 끝없이 섞인다. "영혼과 육체의 결합에 속하는 사물들은 오직 오성만에 의해서 모호하게 인식될 뿐, 상상력의 도움을 받은 오성에 의해서는 인식되지 않는다. 그러나 그 사물들은 감각에 의해서는 아주 명확하게 인식된다"고 데카르트는 1643년 6월 28일 엘리자베스 드 보엠에게 썼다. 복합성과 모호성을 파악하는 것과 관련해서 사실로 드러나는 오성의 약점인가? 데카르트는 조금씩 영혼과 육체의 결합이 이론적 인식이 아니라 경험에 바탕을 둔 경험적 인식일 수 있다는 사실을 발견한다.

《정념론》은 영혼과 육체의 관계, 능동성과 수동성의 관계, 그리고 이 관계가 도덕에 미치는 영향의 복합성을 세밀하게 드러낸다.

"영혼의 정념은 우리 안에 존재하는 인식이나 지각이다. 왜냐하면 흔히 정념을 있는 그대로가 되도록 하는 것은 우리의 영혼이 아니고, 항상 우리의 영혼이 정념에 의해 표상된 사물들로부터 정념을 받아들이기 때문이다."[27] 영혼의 정념이 이런 것이 아니라면 무엇이겠는가?

정념은 의지 혹은 '영혼의 작용들' 과 구분된다. 동물적 정신——이때 동물적 정신은 단지 아주 예민한 피의 일부이고, 아주 작은 육체들일 뿐이며, 아주 빨리 움직이고 뇌의 바닥에, **송과선**(松果線) 안에 자리잡고 있다——의 작용으로 생산되고 유지되는 모호하고도 혼돈스러운 지각은 영혼과 관계 있고, 영혼에서 생겨나는 애정이거나 감정이며, 외부 대상들과 관계 있는 감각 작용들과 구분된다.

의지는 육체와 정념에 대한 영혼의 힘이다. 영혼의 '우수한 부분'(이성적인 영혼)과 '열등한 부분'(감각적인 영혼) 사이에는——비록 이 두 부분이 단 하나를 형성한다 할지라도——필연적으로 갈등 관계가 형성된다. 데카르트는 영혼의 힘이나 나약함을 보여 준다. 정념의 힘이 의지를 빼앗고 혼란시킬 때 정신의 나약함이 자리를 잡는다. 의지가 '자신의 무기를,' 다시 말해 그 판단의 확고부동함과 선악의 통제를 펼쳐 보인다면, 그때 정념은 의지에 의해 구속받게 될 것이다.

영혼의 힘은 진리의 인식에 연결되어 있고, "잘 인도되었는데도 정념에 대한 절대적인 권력을 가질 수 없을 정도로 나약한 영혼은 없다."[28)]

판단력 안에서 신앙은 온전하게 남아 있다. 정념이 인간 행위를 통해 다소간 조종되거나 조절된다면, 즉 정념이 허위로 고백하는 경향을 지닌 단순한 정념으로 축소되지 않는다면, 그 고유

---

27) 데카르트, 《정념론》, article XVII, Vrin, 1966, p.80.

28) *Ibid.*, articles XLIX et L.

의 유용성——예를 들면 사랑의 정념은 건강에 유익하다——을 가질 수 있다.

그것 자체로는 나쁜 것이 아닌 정념에 대한 일반적인 치료책은 정서의 통제로 잘 남아 있다. 정념을 과도하게 사용해서 생기는 악은 쫓아내야 하고, 그것을 선과 기쁨으로 바꾸기 위해 모든 것을 실행해야 한다. 정반대로 진리 추구 또한 지혜의 추구와도 무관하지 않다. 데카르트에게 있어서 과학과 도덕은 서로서로 연관이 있다.

VI

———

진리와 거짓

인적이 드문 곳에서 여행자는 한 여인을 만난다.
그녀는 우울한 표정으로 혼자 있었다.
"너는 누구니?" 여행자가 물었다.
그러자 그녀는 말했다.
"진리."
"그런데 왜 너는 사람들이 있는 도시를 떠나 이곳
에서 고독하게 살고 있니?"
"예전에는 단지 몇몇 사람에게서만 거짓을 발견했
었다. 그러나 오늘날 그것은 도처에, 모든 귀와 모든
입에 있다."

아이소포스, 《여행자와 진리》

이어질 연구는 고대와 현대의 전통이 동시에 입증하듯 '시인
들'이 다른 이들보다 더 많은 거짓말을 하는지를 알아보는 문제
에 집중되어 있다. 그러한 전통은 고대 그리스인들에게 그 뿌리
를 두고 있다.

언어의 장인(匠人), 시 작품—— '시'에 협의의 의미를 부여할
때——제작자라는 범주 고유의 결점에 대한 이 고발은 아마도

그들의 존재·임무·기능에 대한 의미 제한을 보여 줄 것이다.

우리는 시인들에게서 기대한다. 그런데 시인들이 항상 그 기대에 미칠 수 있는 것은 아니다. 그래서 그들은 거짓말하고 왜곡하고 배반하고, 심지어 비전이나 진실한 말을 욕되게 한다고 비난받는다. 거짓의 가장 일반적인 정의에 따르면, 그들은 속이려는 의도로 의식적으로 진리에 반대되는 주장을 소리 높여 말하는 것인가?

거짓은 사실 오류가 아니다. 그것은 도덕성의 영역에서는 위반에 기초하고, 어떤 철학자——칸트와 같은——들에게 있어서는 대표적인 악을 나타낸다.

진리와 도덕

칸트는 실제로 《도덕형이상학》에서 주저없이 쓴다. 거짓은 제1의 죄악이며, 그것을 통해 악은 대표적인 **유혹자·사탄**·'거짓들의 아버지'의 모습으로 세상에 등장했다는 것이다.

그는 '외부의 거짓'과 '내부의 거짓'을 구분하는데, 전자로 인해 인간은 타인의 눈에 비열하게 보이고, 후자로 인해서 제 자신의 눈으로 볼 때 비열한 이가 되어 자신의 인격 속에 있는 인간적 존엄성을 손상시킨다.

"거짓은 인간의 존엄성을 포기하는 것, 다시 말해 부인하는 것이다."[1] 1797년 《인류에게 있어 소위 거짓말하는 권리에 관하여》에서 칸트는 벵자맹 콩스탕에 맞서, 거짓을 "언제나 타인에게 해를 끼치는 의도적으로 잘못된 진술"[2]이라고 정의한다.

사람을 목적 그 자체로, 자신과 타인에게 있어서 침해할 수 없는 존중의 대상으로 보는 칸트의 정의는 거짓이 어떤 형태를 하고 있든지간에 어떤 경우에도 거짓을 허용하거나 정당화할 수 없다. 칸트의 정의는 우리가 논리적으로 거짓을 우선 자기 자신과 모든 이성적 존재에 대해 해야만 하는 근본적인 존중의 침해로써 파악할 수 있게 한다. 이러한 도덕적 관점은 칸트적 행보의 기반이 된다.

왜 시인은 자신의 예술이 언어적이거나 기술적인 생산에 영향을 준다는 점 때문에 유대교와 기독교 문화에서와 같이 그리스의 문화에서 검열받고, 감시받으며, 가끔 도시국가에서 추방당하고, 심지어는 사형 선고까지 받는 이러한 눈에 띄는 피해를 당연히 받아야 한다는 것일까?

어떤 예상 밖의 위대함으로 시인은 미화되는 것일까? 최초의 말——존재의 말——과 시인의 유사성, 신들과의 유사성——신들의 메신저이자 신들로부터 영감을 받은 시인——인가, 신탁에 의한 시인의 재능——전례 없는 진리에 대한 견자, 예언가, 예언자인 시인——이 그것인가?

아마도 그리스의 전통은 포이에시스(poïèsis; 제작하는 행위)에

---

1) 칸트, 《도덕형이상학 *Métaphysique des mœurs*》, 2부, 〈덕에 관하여 Doc-trine de la vertu〉, A. Philonenko 역, Vrin, 1968. 〈거짓에 관하여 Du men-songe〉, I, §9, p.103.

2) 칸트, 《인간성으로서의 소위 거짓말하는 권리에 관하여 *Sur un prétendu droit de mentir par humanité*》, L. Guillermit 역, Vrin, pp.68-69.

특별한 위상을 부여할 것이다. 그 위상은 플라톤에 의해 명백하게 개척되고, 이어 아리스토텔레스에 의해 명확하게 차별화된 개념으로 자리잡는다.

포이에시스는 장인이나 예술가와는 무관한 작품 창조, 제조-생산에 기초한다. 이는 프락시스(praxis)——끝이자 시작이 동인(動因)에 내재되어 있는, 합리적이고 의도적이며 심사숙고한 후의 선택인 프로아이레시스(proairésis)의 영역에 속하는 인간 행위——에, 혹은 테오리아(théôria)——관조——에 대립된다.

모든 기술(tekhnè)은 옳은 규칙을 동반하는 생산 자질이다. (아리스토텔레스는 《니코마코스 윤리학》에서 다음과 같이 쓰고 있다. "반대로 기술상의 결점은 틀린 규칙을 수반하는 생산 자질이다.") 따라서 기술상의 결점은 틀린 규칙 실행에 대한 증명이 될 것이다.

어떤 결과물들을 생산하는 데 사용되는 방법의 총체인 테크네는 본래 우연성의 영역 속에서 살아간다. 테크네는 좋은 기회가 아니라도 성공적 적응과 경험에 있어 고유한 어떤 동요와 암중모색을 내포한다.

《고르기아스》에서 플라톤은 지성의 생산, 즉 운문·산문 또는 음악으로 된 시 작품을 창작하는 행위로 정의된 포이에시스에 대해 고찰한다.

소크라테스는 칼리클레스(Calliclès)에게 우리가 시에서 음악·리듬·운율을 빼면, 시가 즉시 유일한 언어 상태로 다시 떨어질 것이라는 사실을 주목하도록 했다. 그래서 수사학의 특별한 분야인 일종의 국민 연설로서의 시가 시민들을 현재 상태보다 더

좋게, 혹은 더 나쁘게 만들려 하는지 검토하는 것이 적절할 것이다. 바로 그때에만 시의 합법성이나 비합법성에 대한 의사 표명이 허용될 것이다. 플라톤 역시 포이에테스(poïetès)를 우주의 아버지, 제작자-기획자로 명명한다. 모든 것을 생산하는 장인·하늘·땅·신들까지, 땅에 존재하는 모든 것의 제작자.

게다가 시인은 법칙의 작가이자 창조자, 즉 입법자도 된다. 포이에테스는 이와 같이 재능 있는 소피스트——이 단어의 이중적인 의미에서——이다. 기술에 있어서 뛰어난 사람, 그리고 웅변술의 거장, 소위 숙지된 지식을 바탕으로 삼아 말하는 기술면에서의 전문가, 생산자, 공공선에 기여할 때는 찬양할 만한 창조자(dèmiourgos), 인정된 모방자(mimètès), 혹은 협잡꾼, 사기꾼.

시인은 확실히 여러 형태의 활동에 전념하고, 그 실행 과정에서 진정한 책임감을 가진다. 그는 선 또는 악, 진실 또는 거짓, 실재 또는 환상에 봉사할 것인가? 그의 모방은 응시된 모델에 가장 근접할 것인가, 아니면 어느 정도로 멀어질 것인가?

신화·희극·단장격 혹은 서정시를 만드는 사람인 시인은 '결코 말이나 몸짓으로서든, 화를 내면서든, 화를 내지 않고서든 파격'을 드러내 보이지 않아야 하고, 어떤 시민도 웃음거리로 만들지 않아야 한다. 그렇지 않으면 나라 밖으로 쫓겨나거나 벌금을 내야 할 것이다.

시 작품 제작자는 정치적으로 감시를 받았다. 《국가》에서 《법률》까지 플라톤의 불신은 문학 생산에 있어서의 가능한 자율성에 대해 계속될 것처럼 보인다. 시인이 젊은이와 시민들에게 가능한 한 적게 거짓말을 하기 위해서, 그러나 언제나 종교적·정치적·미학적·윤리적 진리라는 목적에 봉사하기 위해서 하는 것은 시인의 영원한 관심사들 중 하나일 수도 있다.

시가 모방적이라면 시는 진·선·미를 모방할 것이고, 서정시처럼 시가 모방하는 것이 아니라면 시는 신의 말씀의 아름다움을 표현하고 노래할 것이다. 이렇게, 그리고 이렇게만이 시는 거짓의 유혹과 왜곡——비합법적으로 장악함으로써 **진실**에서 벗어나는——에서 벗어날 수 있을 것이다.

인간은 만물의 척도가 아니며, **하물며 포이에시스의** 척도도 아니다. 시에 대한 플라톤의 아주 두드러진 관심, 도시국가에서 시에 부여하는 위상에 대한 물음, 시가 올바른 사람들에 의해 행사된 힘의 감시에서 벗어날 때 어떤 악영향이 생길 것인지와 관련된 불안, 시는 주변 여건과 극도로 상충되었던 어떤 최초의 임무에서 유래하는 것일까?

소크라테스를 만나서 8년 동안 그의 가르침을 따르기 전에 플라톤은 서정시와 비극에 관심을 두었던 것 같다. 철학과 소크라테스의 메시지를 전달하는 데 전념하기 위해 그는 기꺼이 자신의 청사진들을 불태웠을 것이다.

니체는 스승에 대한 사랑으로 인해 희생적이고 자기 파괴적인 이러한 행위를 매우 유감스럽게 생각하고, 《비극의 탄생》에서 플라톤의 대화가 비극의 영향을 얼마나 많이 받았는지를 보여주려고 한다. 예술가 플라톤은 타고난 자신의 시적 재능을 완전히 잠재우는 데 이르지 못했다. 이것은 다행스러운 일이다. 플라톤은 아주 독창적인, 그리고 여러 측면에서 비극——그는 비극을 좋아해서 직접 쓰기도 했고, 바로 그러한 이유로 신랄하게 비판하기도 했다──과 유사한 예술 형태를 창조하기까지 했다.

"아티카 비극이 그 이전의 모든 종류의 예술을 자기 속에 흡수 했다고 하면, 역설적이게도 플라톤의 대화에 관해서도 똑같이 말 할 수 있다. 그것은 모든 기존의 문체와 형식을 혼합하여 만들어 진 것으로서 설화와 서정시와 드라마 사이를 오락가락하고, 산문 과 시의 중간 어휘를 구성하며, 따라서 문체의 통일이라는 재래 의 엄격한 법칙을 타파하고 있었다."[3]

1870년대에 《비극의 탄생》을 썼던 니체는 플라톤의 대화를 일종의 쪽배로 본다. 난파된 고대시는 그 배 위에 자신의 후손들 과 단 한 사람의 항해사인 소크라테스와 함께 구조되었던 것이 다. 플라톤은 이와 같이 후계자에게 새로운 문학 장르──**소설** ──를 전했을 것이고, 대화식의 철학을 섬기는 시의 시대를 만 들었을 것이다. 더 앞서가지는 말고, 지금 당장에는 플라톤의 글 쓰기에 대한 니체의 해석에서, 시적 표현에서의 플라톤의 연관 ──오, 얼마나 생생하고도 복잡한가──을 언급하는 것이 본질 적인 것 같다.

《언어의 기원에 관한 시론》에서 루소는 시인들의 언어 속에서 우리 언어들 중 최고일 뿐만 아니라 가장 풍부하고 가장 아름다 우며 가장 진정한 것을 본다. 왜냐하면 기원의 시간들이 오염되

---

3) 니체, 《비극의 탄생 *La Naissance de la tragédie*》, §14, C. Heim 역, Gon-
thier, 1964, p.92.

지 않은 채로 각인되어 있기 때문이다. 분명 신화적인 시간, 그러나 시인의 언어에 활기를 불어넣는 상상력의 투영으로 아주 실재적인 시간, 유(類)와 종(種)의 분리가 아직 혼란——루소에 따르면 이러한 혼란은 후에 생긴다——을 일으키지 않는 시간.

시인 소크라테스와 시인 플라톤. 이 두 사람은 새로운 방향에서 철학의 흐름을 바꾼다. 전자는 쓰지 않고 후자는 진실에서 멀어지며 기원의 기억을 변조하는 어떤 글쓰기 형태의 과정을 설립하면서, 기억하는 데 기여하는 또 다른 글쓰기를 고려하면서 쓴다. 글쓰기는 독인 동시에 약인 파르마콘(pharmakon)이다. 모든 것은 우리가 글쓰기에 부여한 목적으로 글쓰기를 어떻게 사용하느냐에 달려 있다.

소크라테스는 반복해서 시인이 되도록 자신을 자극한 신의 메시지를 해독하려고 애쓴 후, 399년 아테네 시민들(dèmos)에 의해 유죄 선고를 받고 죽는다. 소크라테스와 플라톤, 스승과 제자는 아주 특별한 방식으로 오늘날에도 여전히 삶·기억·학설의 진정성을 증언한다. 진실 추구만이 그것을 깊이 연구하고 쉼없이 의문을 제기할 수 있다.

진리는 **역사**와 그 변천을 초월하는가? 의심의 여지가 없다. 실제로 소크라테스였던 것이 무엇이었는지, 그가 후계자에게 메시지로 남기려 했던 것——그런 것이 하나라도 있다면——이 무엇이었는지에 대해 자문하는 일은 아직 끝나지 않았다. 실질적인 면에서 제자에 대한 스승의 영향이 어떤 것인지, 플라톤의 독창적인 부분과 스승에게 빚진 부분이 각각 어떤 것인지 자문하는 일은 아무도 끝내지 못했다.

니체는 시에 대해 플라톤의 양면성과 비슷한 어떤 양면성——그러한 동기가 종종 플라톤의 양면성에 완전히 대립되기는 하지만——을 내보인다.

고대인과 현대인인 두 철학자에게 있어서 시에 대한 강한 유혹과 그에 상응한 불신은 함께 존재한다. 시인은 거짓말한다, 그리고 거짓말하지 않는다. 시인은 자신이 거짓말을 할 수 있고, 또 하고자 하면 자신이 반드시 그 자발적 원천인 것은 아닌 말을 한다. 말에 의해 시인은 말이 표현된 시대를 초월하고, 말의 미래를 기대하며 뒤에 올 아주 먼 시간과 또한 앞에 있는 매우 오래된 시간을 본다. 그는 또한 말의 표현에 실패할 수도 있고, 자신의 임무에 다다르지 못할 수도 있다. 진리에 대한 그의 의지는 자신의 행보 자체에 내재되어 있는 장애물로 인해 실패하거나 길을 잃을 수도 있다. 그렇다면 우선 "진리에 대한 이 절대적 의지, 이것은 무엇인가? 속지 않으려는 의지인가? 결코 속이지 않으려는 의지인가…? 그렇다면 왜 속이지 않으려는 것인가? 그렇다면 왜 속지 않으려는 것인가?"[4] 이것이 니체가 《즐거운 지식》에서 던진 물음이다. 따라서 과학은 어쩔 수 없이 도덕과 함께 보아야 할 것이고, 시는 오류와 거짓과 함께 혹은 시가 자신의 본질을 실현하게 될 때는 진리와 함께 고려해야 할 것인가?

시인은 거짓말한다. 그러나 그는 또한 진실을 누구보다도 잘 말할 수도, 볼 수도 있다. 겉으로 모순이 되는 이 두 진술이 한 방향의 조화를 이루며 화합하는 것은 어떻게 접근함으로써 가

---

4) 니체, 《즐거운 지식 *Le Gai Savoir*》, §344, P. Klossowski 역, 10/18, 1957.

능해지는가? 그 조화는 소크라테스와 같이 수많은 대가들, 기반을 형성하는 '위인들'에게 있어서 철학이 해명하도록 떠맡은 임무이다.

그런데 우리는 어떤 시와 어떤 진리에 대해 말하는 것인가? 수학적 혹은 논리−수학적 유형의 진리 수립에 활기를 불어넣는 비−모순과 논리라는 목적 외에도 일치, 우리가 실재라고 명명한 것과의 일치라는 목적 또한 과소평가되거나 감추어질 수 없다. 정확성, 존재하고 말하고 인식하고 행동하는 정당성에 대한 연구는 투명성·진정성의 추구와 이질적인 것으로 혹은 그 추구에 귀 기울이지 않는 것으로 머무를 수 없다. 투명성과 진정성의 추구는 진리의 장애물에 대한 물음을 낳듯이 진리에 대한 물음을 낳는다. 진리에 대한 물음은 시와 밀접하게 관련된다.

비극시

하나의 오래되고 긴 전통은 시인을 거짓말하는 사람으로 고발한다. 고대 비극의 창시자이며 가면――그 당시로는 화장 회반죽으로 바른 장신구의 단순한 주조――을 만든 사람인 테스피스는 "그렇게 많은 사람들 앞에서 이렇듯 감히 거짓말을 했다"는 이유로 솔론의 심한 비판을 받았다. 아이스킬로스는 솔 달린 가면의 특징을 강조하고, 이류 배우의 도입으로 극적 분쟁의 메커니즘을 점차로 확립한다. 비극은 기원전 5세기에 아이스킬로스·소포클레스와 함께 그 절정을 맞는다.

서정시——합창과 전통적 운율법——에서와 마찬가지로 서사시에서 그 소재——전설적 대영웅들의 삶——를 빌려 온 비극 공연은 종교극이나 신화극을 연출하고, 그것을 도시국가의 현재에 맞춰 각색한다.

그리하여 먼 과거, 도시국가의 과거, 호메로스와 헤시오도스를 통해 알려지고 토대를 이루는 도시국가 영웅들의 과거와 특히 5세기의 정치적 변형으로 가득한 현재가 상호 침투한다. 아이스킬로스 · 소포클레스 · 에우리피데스는 민주주의의 강림인 페르시아 전쟁과 아테네의 쇠약과 몰락을 나타내는 펠로폰네소스 전쟁으로 점철된 이 세기에 속한다.

주인공들——본래 시민들의 일반적 상황에는 낯선 자들, 구술된 언어(3보 단장격)로 표현된다——과 **오케스트라**의 합창단——시민들의 집단, 대중적 지혜의 대변자를 나타내고 서정시 고유의 노래된 절로 표현된다——으로 나누어진 무대 양분은 사회적 파급 효과를 낳는다. 주인공들은 이렇게 언어로써 일반 대중과 가까워지고, 그들이 표현했던 전형과 가까워지며, 점점 논쟁의, 심지어 분석의 문제와 쟁점이 된다.

시인은 무대 위에서 행위의 전개를, 다시 말해 신 · 영웅들 · 사람들의 행위, 그들의 기대, 전투 · 승리 · 복수의 실패, 그들의 위대함과 나약함 등을 보게 하는 것 같다. 무대 배치는 그해 디오니소스 축제 동안 여러 번 사람들이 찬양한 성무 일과와 유사하다. 디오니소스 찬가——디오니소스를 찬양하는 성가——에서 태어난 고대 비극(트라고디아, 제물에 쓰인 숫염소, 트라고스에서 유래)은 신화나 역사의 유명한 등장 인물들에게 일어난, 그리고 아리스토텔레스가 《시학》에서 한 세기 후에 주장한 것처럼 두려움과 동정을 불러일으키기에 적합한 어떤 엄청난 불행을 표현한다. 즉 영웅이 그 희생자가 되는 부당한 불행에 대한 그의 과거와 현재의 고통에 대한 동정, 그리고 투사와 동일시의 숭고한 작용을 통해서 영웅과 우리를 다같이 위협하는 고통에 대한 두려움.

플라톤은 이러한 공연들이 충분히 교육받지 않고 정통하지도 않은 젊은 영혼에 끼칠 수 있는 악영향을 경멸한다. 이에 반해 아리스토텔레스는 그 공연의 필요성과 교육적이고도 윤리적인 유용성을 밝힌다. 비극시는 실제로 관객에게 유익한 **카타르시스** 작용을 한다. 영웅과 자신의 불행과의 동일시라는 메커니즘을 통해 관객은 같은 악행을 범할 가능성 있는 욕망으로부터 보호될 것이다. 그들은 거기서 정상을 벗어난 감정에 대한 것이 아니라 정상적인 것에 대한 교훈을 얻을 것이고, 과도한 열정을 불신하게 될 것이며, 그러한 열정의 결과로 나타나는 어쩔 수 없는 고통을 두려워하게 될 것이다. 예를 들면 《오이디푸스 왕》 공연에 있어서도 사정은 마찬가지이다.

비극 시인은 규칙을 준수하면서 눈에 띄는 특징으로 행위를 모방할 줄 아는 자이다. 그 규칙에는 길이의 규칙(시간·장소·행위의 일치), 완결성의 규칙(시작·중간·끝), 부분들의 조화라는 규칙(프롤로그·삽화·결미(結尾)·합창단의 노래)이 있다. 그때 비극 시인이 사용하는 언어는 '특별한 종류(주인공들에게는 운율, 혹은 합창단에게는 노래)의 흥취를 돋우어 주는 것(리듬·멜로디·노래)'을 통해 돋보이게 된다. 종합 평가해 보면 아리스토텔레스는 비극을 구성하는 것이 6부분, 즉 플롯·성격·조사·사상·무대 배경·노래라고 《시학》에서 지적한다. 시인은 무엇보다도 우화를 만드는 사람, 다시 말해 행위──서사시에서는 구술되는 행위, 비극 드라마에서는 연기되는 행위──의 모방자이다. 모든 이들은 호메로스의 재능에 대해 찬사를 아끼지 않는다. 비길 데 없는 시인이며, 모든 이들의 전형인 그는 온갖 찬사를 받을 만하다. 표현과 사상에 있어서 모든 이들의 우위에 있는 그는 소포클레스가 비극의 계열에 속하는 것처럼 서사시의 계열에 속한다. 시는 당연히 진리와 정확성과 함께 고려해야 한다. 시는 인간의 진리를 말한다.

시적 **미메시스**에 대한 아리스토텔레스의 이론에 따르면 인간은 멜로디와 리듬과 마찬가지로 모방하는 타고난 경향을 지니고 있고, 예술은 자연 발생적으로 조직되고 조화를 이루고 있는 자연의 질서와 그 산물들을 준수함으로써 가능한 한 최대로 자연을 모방하게 된다. 시 장르 혹은 그런 부류──서사시·비극·희극·디오니소스 찬가·플루트나 키타라 연주·무용──에서 무엇이 중요한가라는 점에 있어 아리스토텔레스는 자연주의자로서 행동하고, 예술을 그 구조, 그 변화, 그 고유의 진보와 함께 살아 있는 존재인 양 관찰한다. 그리하여 예술은 자연 질서를 지키고, 그 질서를 적절히 모방하며, 그 질서 내용을 재수립하는 만큼 더욱더 많은 가치를 지닌다.

시, 역사, 그리고 진리

시인은 **미메시스**라는 조절된 기술을 통해 이상적이고 보편적인 여러 유형을 세운다. 그 유형들은 진리를 가지고 있고, 또한 단 하나의 역사성이나 일시적인 상황을 초월하는 열성적인 힘을 가지고 있다.

"이상 얘기한 여러 가지 것들을 통해 알 수 있는 명백한 사실은 시인의 임무는 실제로 일어난 일을 이야기하는 데 있는 것이 아니라 일어날 것으로 예측되는 일, 즉 개연적이거나 필연적인 법칙에 따라 가능한 일을 이야기하는 데 있다는 사실이다. 역사가와 시인의 차이점은 운문으로 쓰느냐, 산문으로 쓰느냐 하는 점에 있는 것이 아니라(헤로도토스의 작품을 운문으로 고쳐 쓰는 것도 가능한 일일 것이다. 그러나 운율이 있든 없든 그것은 역시 일종의 역사 서술임에는 변함이 없을 것이다) 한 사람은 실제로 일어난 일을 이야기하고, 또 한 사람은 앞으로 일어날지도 모르는 예측 가능한 일을 이야기한다는 점에 있다. 따라서 시는 역사보다 더 철학적이고 중요하다. 왜냐하면 시는 보편적인 것을 말하는 경우가 더 많고, 역사는 개별적인 것을 말하기 때문이다."[5]

---

5) 아리스토텔레스, 《시학 *La Poétique*》, J. Hardy 역, Les Belles Lettres, §9, 1451a 36-1451b 10.

시의 목표는 더 이상──여러 각도로 분석한 결과 플라톤이 그것을 두려워했던 것처럼──성마르고 욕망으로 가득 찬 영혼의 부분을 움직이는 것이 아니라, 비극의 틀 안에서 두려움과 동정처럼 인간 정념들의 본보기가 되고 정화된 어떤 형태들을 제시하는 것이다. 시는 역사와는 달리 보편적인 측면에서 나온다. 역사는 계속 변화하는 개별적인 것에 고정되어 있고 불안정하며, 개인적이고 독특한 사건들이 일어나는 시-공의 좁은 한계들 안에 갇혀 있다. 시는 알키비아데스에게 일어나는 것을 말하지 않고──모든 시간, 모든 나라에 있는──어느 누구에게나 일어나게 될 것 혹은 일어날 수 있는 것, 예를 들면 오이디푸스가 부모 살해와 근친상간을 저지른 것과 같은 것을 말한다.

따라서 시는 어떤 교육적인 힘, 도덕적인 역량, 몸에 좋은 하제(下劑) 효과, 어떤 면으로는 아마도 과학적인 목표──시는 개별적인 것이 아니라 보편적인 것에 근거를 두기 때문에──를 갖고 있을 것이다.

플라톤과 반대로 아리스토텔레스는 자신의 분석에서 서정시, 즉 제 고유의 실존과 이웃의 실존을 이야기하는 한 개인에게 집중되어 있는 서정시를 배제한다. 너무 우연적이고 너무 개별적인 그 분야는 시적 **미메시스**가 아닌 역사의 측면에서 정리해야만 하는 것이다. 시인이 자신의 개인적인 이름으로 말할 때 그는 모방하지 않는다. 그는 보편적인 질서를 옮겨 놓아야 할 어떤 의무도 없고, 인류를 위한 교육적 진리도 드러내지 않는다.

플라톤은 《국가》에서 실제로 디오니소스 찬가라는 장르에 모방시가 갖는 매우 현저한 위상을 부여한다. 시인은 제 고유의 이

름으로 표현됨으로써 모방이라는 덫에서, 변형과 변질의 위험
에서 벗어난다. 반대로 희극과 비극의 저자는 서사시의 저자처
럼 전형을 복사하는 데 예속된다. 서사시의 저자는 서술과 모방
의 이중 영역에 속해 있다. 플라톤에게 있어서 서정시는 특별하
고도 높은 서열을 차지한다. 아리스토텔레스는 시적 활동과 **미
메시스**가 차지하는 시적 가치에 깊이 몰두하면서도 서정시를 자
신의 연구에서 배제한다.

  모든 인간의 시간이 아니라 아주 제한된 어떤 시간에 속해 있
는 역사보다 우월하다고 판단된 시는 사건들을 이해하기 쉽고
인과 관계를 나타내는 방식으로 전개하며, 또 사건들을 허구이
지만 엄격한 일치 속에 집중시킴으로써 보편적인 것에 다다른
다. 역사는 연대기와 유사하다. 연대기는 단순히 사실들을 말하
고, 그 사실들의 내적 논리 관계들을 포착하지는 않는다. 역사는
사람들이 결코 두 번 볼 수 없을 것에 열중한다. 필연성이나 논
리적 가능성의 측면이 아니라 우연성 · 운명이란 측면에서 역사
는 시간이 손쉽게 거짓이라고 반박할 수 있을, 부분적이고 편파
적인 진리——반복적이지 않고 특이한 사건의 진리——를 언
급할 뿐이다.

  쇼펜하우어는 단번에——1814년에서 1818년까지 《의지와 표
상으로서의 세계》를 처음으로 작성할 때——시와 역사에 대한
자신의 분석에 아리스토텔레스의 봉인을 새겨 놓는다. 그는 고
대 초기 역사가들인 헤로도토스와 투키디데스가 그 방식에 있어
서 얼마만큼 시인들이었나를 밝힌다. 그들은 역사적 구성에 있
어서, 예를 들어 영웅들의 이야기를 작성하는 데 있어서 부족한

연관들을 과감히 창조했던 것이다.

그런 가운데 그들은 연대기에서나 과거 사실들의 엄격한 역사적 관계에 있어 특유하게 존재하는 시각의 협소함과 시각의 축소를 초월했다. 그들은 그들의 고귀한 문자들이 가능성을 갖게 할 줄 알았고, 실재 속에 매몰되지 않을 줄도 알았다. 그들은 관찰이 결함 있고 불완전한 것으로 밝혀질 때 창조적 상상력을 사용했다.

마찬가지로 쇼펜하우어는 주저없이 거짓 혹은 반−진리의 차원에 역사를 자리매김한다. 왜냐하면 역사는 본질적으로 연관과 자료들이 부족하기 때문이다. 이러한 연관과 자료들은 역사를 보편적인 것과 **이데아**라는 비옥한 진리를 향해 열려 있는 어떤 학문의 차원으로 끌어올릴 것을 허용할 것이다.

1814년−1818년에 역사와 시 사이에 존재하는 심연의 경계들이 명확히 그어졌다.

다음과 같은 설득력 있는 비교:

"확실한 자료만을 기초로 하여 연구하는 단순한 역사가는, 수학에 대한 지식이 전혀 없이 우연히 발명한 도형으로부터 이러한 도형들의 관계들을 측정에 의해 탐구하는 사람과 비슷하다. 따라서 경험적으로 발견된 결과에는 그 그려진 도형의 모든 오류가 따라다니는 것이다. 이와 반대로 시인은 이 관계들을 **선험적으로** 순수 직관 속에서 구성하고, 그것들을 그려진 도형 속에 있는 대로가 아니라 이 그림이 표상해야 하는 관념 속에 그 관계들이 있는 것처럼 표현하는 수학자와 같다. 실러가 다음과 같이 말했던 것도 그러한 이유 때문이다. **이때까지 한번도 어떠한 곳에서도 일어나지 않았던 일, 이것만은 결코 쇠퇴하지 않는다."**[6]

순수 가능성이 실재보다 우위에 있는 것으로 표명된다. 실재는 실존에 이르자마자 변조와 왜곡에 사로잡힌다.

하물며 《의지와 표상으로서의 세계》 3권 51장에 훗날 첨가된 《보유》――시의 미학과 역사에 바쳐진――에서 쇼펜하우어는 아리스토텔레스가 가치면에서 역사보다 시에 더 높은 위상을 부여함으로써 얼마나 옳게 보았는지를 환기시킨다.

역사가 우리에게 개별적인 진리만을 제공할 때, 시는 우리에게 보편직인 진리를 부여한다. 시는 **이데아**의 측면에 속하고 모든 관계를 너머, 시간을 너머 인간성의 본질을 포함한다. 시는 '사물의 가장 높은 위상에서 사물 그 자체의 정확한 객체성[객관적인 특성],' 다시 말해 사물 고유의 본질 속에서 삶-의지를 포착한다.

역사는 현상에, 사물들의 표면에 나타나는 것에, 즉 공간과 시간의 개별화로 인해 분열되고 추상화된 것에 근접할 뿐이다. "역사에는 진실보다 거짓이 더 많다"고 쇼펜하우어는 쓴다. 환상 · 가상, 당시 의견과 그 시대의 불안정한 유행에의 종속이 역사의 구조를 만든다. 그러나 역사는 아마도 결핍에 비례해서 과학성과 객관성을 큰 소리로 외쳐대는 것이다. 역사는 구조적으

---

6) 쇼펜하우어, 《의지와 표상으로서의 세계 *Le Monde comme volonté et comme représentation*》, livre III, §51, A. Burdeau 역, PUF, 1966, p.316.

로 자신에게 그 부족함들이 있다는 것을 알고 있고, 또 허구와 자신의 결함들을 부인함으로써 그 결핍을 몰아내고자 하는 것이다.

반대로 시인은 "보편적인 인간이다. 이전에 어떤 사람의 마음을 움직이게 한 모든 것, 또 인간의 본성이 어떤 상황 속에서 그 본성 밖으로 솟아나게 하는 모든 것, 이전에 인간의 가슴속 어딘가에 머무르며 깨어났던 모든 것, 이것이 그가 그밖의 모든 자연을 다루는 것처럼 그가 다루는 제재인 것이다……. 시인은 인류의 거울이며, 인류가 느끼고 행하는 것을 인류에게 의식시켜 준다."[7]

시는 다른 정신의 훈련처럼 인식의 도구이자 기구이다. 시는 개별적인 것에 몰두하는 인상을 주면서도 보편적인 것에 기반을 둔다. 시는 우리 각자가 그 속에서 되찾게 되고 다시 투영되는 개별적인 매개물을 사용하면서도 실제로는 항상 유개념, **이데아**, 인간적 특성과 인간적 상황에 대한 전형적이고 비시간적인, 이상적인 진리에 기반을 둔다. 시는 하나의 예에서 출발해서 삶과 세상이 무엇인지를 드러낸다. 시는 진실의 폭로로, 어떤 탁월함, 충만함, 소위 역사적 인식에 의한 비할 데 없는 정확함을 실행한다.

다른 시 종류에 비해 비극은 일종의 쾌락을 야기한다. 그 쾌락은 아리스토텔레스에 의해 아주 잘 밝혀진 공포와 동정심의 중개로 우리를 숭고함에 편입시킨다고 《의지와 표상으로서의 세

---

7) *Ibid.*, p.319.

계》의 저자는 지적한다.

"비극 속에서 우리에게 제시되었던 것은 삶의 참혹한 측면, 인류의 불행, 우연과 오류의 군림, 공정함의 추락, 사악한 자들의 승리이다. 이와 같이 우리 눈앞에는 세계의 특성이 펼쳐지고, 그 세계의 특성은 우리의 의지와 직접적으로 충돌한다."[8]

셰익스피어가 '소포클레스보다 훨씬 더 위대하다' 하더라도 고대와 현대 비극은 나름대로 우리가 고통의 실존으로부터 벗어나고, 욕망과 소유——의지의 끝없는 순환과 되살아남으로써 언제나 불만족스러운 삶——의지의 덫에서 벗어나도록 우리에게 가르쳐 준다.

비극은 이렇게 안식처도, 지속적인 휴식도 없이 계속 모호한 주변에서 진정한 대상도 없는 어떤 추구로 인해 낙담하고 고통받는 인간에게 유익한 위안을 준다. 비극은 인간을 '좌우로, 고통과 권태로 흔들리는 추처럼' 계속 동요하게 만드는 삶의 기만으로 병든 인간에게 치료제가 된다. 비극은 예술의 내적 본질을 띤다. 비극은 가상의 베일을 벗기고 참된 지혜를 열어 준다. 우리는 여기서 윤리적 목표가 얼마나 미학적 분석과 연결되어 있는지를 알게 된다.

따라서 역사는 과학이 아니라 하나의 인식이다. 역사는 유개

---

8) *Ibid.*, supplément au §51 du livre III, ch. XXXVII, 〈시의 미학에 관하여 De l'esthétique de la poésie〉, p.1171.

념들을 다루는 것이 아니라 단지 개인들을 다룰 뿐이다. 소위 역사의 보편성은 하나의 속임수, 심지어 일종의 거짓일 뿐이다.

"역사는 그 형태에 있어서뿐만 아니라 그 소재 자체에 있어서도 하나의 거짓이다. 역사는 우리에게 단순한 개인들, 고립된 사실들을 말한다는 변명하에 우리에게 매번 다른 것을 말한다고 주장한다. 반면 그것은 처음부터 끝까지 같은 드라마의 반복이다. 등장 인물과 그들이 입은 옷만 다른 똑같은 드라마."[9]

쇼펜하우어는 역사에 '같은 것들이지만 다르게(Eadem sed aliter)'라는 명구를 부여한다. 예를 들면 그 작품에서 역사는 인간의 정념들을 제시할 때 반복적 정체성이라는 환상을 부여하지만, 이 방면에서 인간의 영혼을 그리는 데 뛰어난 시보다 훨씬 더 열등한 채로 남는다.

역사는 관련된 경험 혹은 개인적인 사건들의 총체를 통해 어떤 보편성에 도달할 수 있다거나, 유기적 결합과 엄격한 연관을 갖춘 어떤 통일된 전체를 수립할 수 있다는 환상을 부여한다. 그러나 검토해 보면 이 모든 것은 효력을 잃는다. 역사는 결코 어떤 과학적 장르를 형성할 수 없다.

거꾸로 역사는 국민에게 기억의 역할을 담당하고, 정체성을 부여하며, 국민 자신의 근원이 자기 자신임을 의식하도록 부추긴다. 그럼에도 불구하고 예술에 패배하고, 과학에서 제외된 역사

---

9) *Ibid.*, p.1184.

는 중요한 역할을 지닌다.

"이성이 개인을 위해 존재한다면 역사는 인류를 위해 존재한 다."[10] 역사가 없다면 국민은 지표, 안식처도 없이 직접성과 순 간의 소멸에 묶이게 될 것이다. 글쓰기는 '인류의 반성적 의식' 이라는 이 기능을 강화시킬 뿐이다. 그것은 역사의 기능이기도 하다. 역사는 경험을 고정시키는 데 기여한다. 역사가 없다면 그 경험은 즉시 밤 속으로, 뚜렷한 윤곽이 없는 망각의 불투명함 속 으로 매몰될 것이다.

시는 '주관적' ——예를 들면 서정시——이며 '객관적' —— 극시 혹은 서사시처럼——인데, 역사와는 아주 다른 덕을 지닌 다. 본질과 실존의 진리에 이른 길에서 철학에 더 가깝고, 보편 성과 영속성이라는 메시지를 더 잘 전달할 수 있는 시는 영혼의 수련과 양성에 있어서 어떤 결정적인 역할을 한다. 플라톤과 아 리스토텔레스는 저마다 자기 식으로 이미 그들의 시대에 그러한 수련과 양성을 강조했다.

우리는 쇼펜하우어가 《시학》 9장에서 발췌한 아리스토텔레스 의 주(註)를 자신의 역사 연구 부분의 서두에 그리스어로 썼다는 사실을 안다. 시는 좀더 철학적이며, 역사보다 더 고결한 특성을 지닌다. 역사는 인간 본성이라는 영역에 있어서 때로는 시와 같 아지려 하고, 심지어는 시를 능가하려 하지만, 시는 명백히 역사 보다 인간 본성에 대해 '더 많은 진정한 연구'를 전해 준다.

---

10) *Ibid.*

어떤 진리인가?

고대로부터 현대에 이르기까지 시학에 부여하는 위상의 문제는 반복해서 제기된다. 역사와 시의 비교는 쇼펜하우어가 주목했던 니체에게도 나타난다.

쇼펜하우어는 그의 문체——《시와 진실》의 작가 괴테의 문체를 상기시킨다——그를 몽테뉴와 가깝게 만드는 지적인 성실성, 그의 철학이 갖는 지나친 염세주의에 반한 쾌활성, 변함없는 관점, 주요한 직관, 자신의 천재성의 명백한 증거인 고독을 수용하는 능력을 칭찬한다.

쇼펜하우어는 니체를 모든 정치, 모든 유행——아마도 불교와 힌두교에 대해 가졌던 부분은 제외하고——그리고 역사조차도 멀리할 줄 알았던 유일한 '본보기'로 지목한다.

그는 독창적일 줄 알았고, 은둔자들처럼 자기 앞에서 단지 '사막이나 동굴'만을 찾았다. 그는 또한 우울이나 낙담에 빠지지 않을 줄도 알았다. 간단히 말해 그는 다른 이들에게 '[그들의] 시간에 대항하여 싸우는 것'을 가르쳤던 일종의 교육자였다.

니체에 따르면 '비현행적인' 진정한 철학자 쇼펜하우어는 시대의 쇠퇴에 필요한 치료약을 찾았고, 음악과 시학 속에서 삶의 본질이고 근본인 고통에 위안을 기대했던 '진실한 인간'의 고상한 명칭을 받을 만하다.

현재의 것을 판단하는 일을 돕고, 가능하다면 쇠퇴나 퇴행 과정을 저지하기 위해 필요한 것을 알리고, 창조 과정을 억제하는 것이 아니라 자극하기 위해, 역사를 삶에 봉사하도록 하는 것은 아마도 진리의 구상과 삶에 대한 긍정의 구상이 분리되는 것을 거부하기에 이르는 것이다.

과학은 몇몇 그 용도에 있어, 공교롭게도 생명의 에너지——이것이 없으면 창조도 혁신도 없다——를 죽이거나 파괴할 수 있다. 예를 들어 소크라테스 이전의 그리스인들에게 귀를 기울이는 그는 그들의 창조적이면서 언제나 '현대적인' 영감을 받아들이고, 과학의 메스로 황폐화되었거나 인식의 거짓으로 변질되고 용해된 것이 아닌 활동적인 그 에너지 속에서 그런 영감을 보고 듣게 한다. 주석·분석·해부의 세기가 예술로부터 추출할 수 있었던 것 너머로 예술을 되찾고, 예술이 말하게 만든다. 본래 은유·기원 신화의 원초적이고도 격렬하며 불꽃처럼 빛나는 삶을 되찾기 위해, 관습적 개념들의 낡은 언어를 벗어나고 강요된 분류와 주기화(週期化)의 황폐한 논리를 피하는 것은 기원에 관한 동시대적 텍스트들의 진실에 보다 가까운 평가와 해석에 열중했던 계보학자이자 철학자-문헌학자인 그의 첫번째 목표들 중의 하나이다.

호메로스의 개성, 19세기 문헌학자들, 또는 고대 그리스의 사상가들이나 극작가들에게 바친 기록과 관련된 철학적 예술과 과학——동시에 역사와 자연과학과 미학에 가까운——에 헌정한 최초의 기록들은 이러한 방식의 증거가 되고, 주석에 대한 주석의 무거움과 부당하게 목적 그 자체가 된 주해, 그리고 비평의 두꺼운 침전물 아래 파묻혀 있던 원래의 말의 복원과 의미의 탐색을 입증해 준다.

고대 아테네의 비극(아테네풍의 비극)에, 그리고 아직은 예술과 과학, 합리성과 직관을 분리하지 않았던 소크라테스 이전 철학자들에게 발언권을 되돌려 주어라. 이것이 동시대에 부분적으로 편집된 《그리스 비극 시대에 철학의 탄생》처럼 《비극의 탄생》에서 철학에 대해서는 현저하고 문헌학에 대해서는 뚜렷하지 못한 중심 내용들 중의 하나였다.

니체는 신화, 시적 언어를 최대한으로 이용하려고 애쓴다. 이러한 시적 언어는 개념보다는 은유, 논증의 논리보다는 비전의 풍부함과 섬광을 통해 더욱 나아진다.

그는 헤라클레이토스와 파르메니데스를 진리의 스승이자 예언자──한쪽은 불의, 다른 한쪽은 얼음의──로 받든다. 그들은 자신들의 발견물들을 전달하고 알리거나 말하는 방식과 기술에 있어 비길 데 없는 높이에 있는 스승들이었던 것이다.

"헤라클레이토스의 모든 말이 진리, 그런데 그가 논리의 줄사다리를 통해 기어오르는 대신에 직관을 통해 파악했던 어떤 진리의 자존과 위엄을 표현하고, 그에게는 주술의 도취 속에서 관찰하지 않고 관조하며, 측정하지 않고도 인식할 능력이 있다면, 동시대인 파르메니데스는 그의 짝이면서 반대자이고, 또한 진리의 예언자이지만 불이 아니라 얼음 같으며, 자신의 주변에 차갑고도 혹독한 빛을 퍼뜨린다."[11]

이 두 사람은 분명 쇼펜하우어가 조심스럽게 '학자들의 국가'와 구별하여 '천재들의 국가'라 불렀고, 니체가 탈레스에서 소크라테스까지 확장시키는 것에 속한다.

이러한 "거인들은 시간의 윤(閏)의 틈을 통해 서로 질문한다. 아래쪽에서 시끄럽게 떠드는 짓궂고 소란스런 난쟁이들에게는 무관심한 채, 그들은 자신들의 숭고한 정신적 대화를 계속한다."[12]

'그리스 본능'의 엄청난 높이, 그들의 광채가 쇠퇴하지 않은 숭고, 그리고 시간에 의해 변질되지 않은 그들의 발명 재능을 특징짓기 위한 유사한 명칭과 같은 정도로 소박한 만큼 심오한 불멸의 스승들, 위인들.

그들은 '위대한 철학적 기질'이 순간성과 현재를 경시한다는 것을 보여 주었다. 본질적으로 비현행적인 진리는 역사를 무한히 초월한다. 그들은 그것을 증명했다.

진실로 창조적인 예술과 철학의 천재들은 본래 어떤 시대나 국가에도 속하지 않는다. 고대 그리스인들은 편협성과 자기의 부단한 초월의 요청과 위대함에 쇠퇴하지 않은 상징들, 영원의 상징도, 원형들을 세운다.

니체는 이상의 기능을 원형에 부여하고 완전한 실재와 진리 규범의 위상을 신화에 부여함으로써 "그리스인은 현재까지 인간을 더 멀리로 인도했던 사람이다"라고 주저없이 쓴다.

"비극의 주인공들의 전형은 그 시대의 위인들이다. 그래서 아

---

11) 니체, 《그리스 비극 시대에 철학의 탄생 La Naissance de la philosophie à l'époque de la tragédie grecque》, §IX, G. Bianquis 역, Gallimard, coll. 〈Idées〉, 1969, p.62.

12) Ibid., §I, p.29.

이스킬로스의 영웅들은 헤라클레이토스의 형제들이다……. 우리는 페이디아스와 플라톤이 비극 없이 존재할 수 있었으리라고는 생각지 않는다."[13]

그것은 비극시에 필요한 기초의 위상을 부여하는 것이 아닌가? 천재들, 비극의 영웅들은 세상이 존재하는 도덕의 선과 악을 넘어서, 인식에 관한 고전 이론들의 진위를 넘어서 가치-기준을 절망적으로 추구하는 비판·찬양·승인에 부여하는 '삶의 가장 아름다운 가능성'을 제공한다. 거기로부터 철학자-문헌학자인 동시에 계보학자의 고고학적이고 미래전망적인 서원이 나온다.

"사람들이 **이러한 삶의 가능성**을 되찾을 수 있었더라면! 시인과 역사가들은 이 일을 숙고해 왔음이 틀림없다. 왜냐하면 이러한 인간들은 너무나 비범해서 사람들은 그들이 달아나도록 내버려두지 않기 때문이다. 오히려 사람들은 끊임없이 그들의 이미지를 재구성했고, 그것들을 수백 번이나 벽 위에 그려 왔음에 틀림없다. 그리고 특히 그 당시에는 더 그랬을 것이다. 왜냐하면 매우 창의적인 우리 시대에 부족한 것은 고대 철학자들이 강요받았던 이러한 발명이기 때문이다. 그들에게는 이러한 발명 없이도 이 경탄할 만한 아름다움이 어디에서 왔으며, 우리에게는 이 추함이 어디에서 왔는가? 어떤 새롭고 풍요로운 삶의 가능성이 발견되

---

13) *Ibid.*, pp.19-20.

었을 때, 본성이 느끼는 특별한 즐거움이 투영된 이미지가 아니라면 이 아름다움은 무엇이란 말인가? 예술이 삶을 위하여 우리를 여전히 유혹할 수 있는지 의심스러울 때, 자기 자신에 대한 분통이 아니라면 이 추함은 무엇이란 말인가?"[14)

이것은 삶에 봉사하는 예술 전체에 대한 찬사이고, 그 절정을 넘어선 표현에 대한 찬사인가?

비극의 영웅들이나 고대 그리스 사상가들은 예술과 과학이 분리에서가 아니라 풍요로운 상보성 속에서 생각되었던 통합적 인간을 나타낸다.

그런 관점에서 헤라클레이토스는 시적·철학적·과학적 표현의 전형으로 남아 있다. 이런 표현에서는 상반된 것들이 그 대립들로 풍요로워지고, 분할을 통한 변증법의 지배의 헛된 유혹에 굴하지 않고 서로 뒤섞여서 그 의미의 풍부함과 다양성을 끌어들이려는 것에 의탁한다.

시인-철학자는 그가 설명하는 것 이상의 것을 암시하고, 명석·판명성 이상으로 모호성의 봉인이 찍힌 진리를 넘겨 준다. 그는 사람들을 어리둥절하게 만들 수 있고, 더욱더 복잡한 가면들을 보란 듯이 내세울 수 있으며, 다른 사람들이 자기를 따르도록 하면서도 종종 그 가면들로 길을 잃을 수 있다. 여기서 그 자체로 투명한 것과는 거리가 먼 진리는 모호성 속에서, 그리고 모호성을 통해 드러난다. 해석하는 사람인 해석학자는 그 모호

---

14) *Ibid.*, p.25.

성의 주변의 것들을 받아들여야 하고, 그 의미 작용이나 여러 의미 작용들을 설명하기 전에 그 다양한 길들을 두루 살펴보아야 한다.

그러나 니체는 또한 시인들을 경계한다. 그럼에도 차라투스트라는 시인이다. 그는 이렇게 쓴다. "시인들은 거짓말을 너무 많이 한다." "그런데 차라투스트라가 어느 날 너에게 무슨 말을 했는가? 시인들이 무슨 거짓말을 그렇게 많이 하는가?——그러나 차라투스트라 역시 시인이다."[15] 차라투스트라는 '견자, 의욕하는 자, 창조자, 미래, 미래의 다리'로 정의된다. 사실 그는 다른 사람들이 보지 못하는 것을 보고, 일부러 주술사의 언사를 사용하며, 아무도 자신을 이해하지 못하거나 원했던 것과 정반대로 될 때는 종종 자기가 표현하는 방식에 대해 자문——또는 자문하는 체——한다.

《차라투스트라는 이렇게 말했다》의 서문에서는 이러한 어려움, 또한 크고 작은 이해의 장애에 관한 것이 여러 번 언급된다. "그들은 나를 전혀 이해하지 못한다. 나에게는 이들의 귀에 어울리는 입이 없다."[16]

차라투스트라는 아마도 고독·유배, 그리고 침묵에 너무나 오랫동안 익숙해졌기 때문에 더 이상 말할 수 없다고 자책한다. '신의 죽음'과 '초인' 또는 만물의 '영원한 회귀'를 예언하는 것

---

15) 니체, 《차라투스트라는 이렇게 말했다 *Ainsi parlait Zarathoustra*》, II, G. A. Goldschmidt 역, Le Livre de Poche, 1972, 〈지복의 섬 위에서〉, p.155와 〈시인들〉, p.177.

16) *Ibid.*, 〈서문〉, §5, p.13.

은 구술되기보다는 오히려 노래한 표현의 어떤 극단적인 정제를 요구한다. 그러므로 《차라투스트라는 이렇게 말했다》는 디오니소스 찬가의 언어 속에서 씌어졌고, 먼저 귀에 호소하고 이어서 눈에만 호소한다. 사실상 그것은 전적으로 음악에 속하고, 《이 사람을 보라》의 작가가 단언하는 것처럼 듣는 예술 속에서의 재탄생을 전제로 한다. 더구나 차라투스트라는 무용가이자 '철학자 디오니소스의 제자'이다.

그는 당연한 것처럼 자신이 전하려는 메시지를 저버려야 했던가? 그는 진리가 없다면 자신의 강림이 더 이상 아무런 의미가 없을 우려가 있는데도 그 진리를 왜곡해야만 하는 운명에 처했는가? 거짓말은 전례 없는 예언에 지불해야 하는 대가인가? 아니면 대중에게 호소하는 것을 포기하고 쉽게 '전례 없는 것을 듣는' 은둔자들에게만 호소해야 하는가? 엘리트의 선택이 이 문제를 해결하는가?

니체는 진리를 전수하고 인식의 거짓에서 벗어나기 위해, 그리고 삶을 경멸하는 자들만큼 이상의 유혹자들 또는 '이후 세계'의 함정에 빠지지 않기 위해 선택된, 말하는 방식에 내재하는 어려움에 기만되지 않는다. 참된 시는 그 구원의 구상을 어떻게 완수할 것인가?

이 예언자는 현재에 적응하지 못한 채 미쳐 버린 것처럼 보인다. 니체가 〈우울의 노래〉(《차라투스트라는 이렇게 말했다》, IV)나 《디오니소스의 찬가들》 중의 한 편에서 박자를 맞추며 노래하는 것처럼 그는 "오직 광인, 오직 시인일 뿐!"이다.

우리는 1882년과 1888년 사이에 《차라투스트라의 격언과 노래》에서 이렇게 읽을 수 있다. "일부러 의식적으로 거짓말을 할 줄 아는 시인만이 진리를 말할 줄 안다." 그는 습관적으로 말하거나 생각하거나 살아가는 것과는 반대로 나아간다. 그는 혼란을 불러일으킨다. 그는 항상 너무 이르거나 너무 늦게 사람들이 보거나 듣고 싶어하지 않는 어떤 진리를 폭로한다. 그러한 진리는 두렵고, 지표도 없고, 토대도 없으며, 고정점도 없다.

플라톤과 니체는 진실의 전달이나 예고에 관해서는 시인들을 경계했다. 동시에 뚜렷한 양면성 속에서 이 두 사람은 인간 지식의 존재하는 모든 형태들과 마찬가지로 보다 올바른, 보다 정확한, 보다 당혹스럽게 하는 어떤 지식을 그들의 대변(貸邊)에 기입했다.

시적 망상——근본적으로 뮤즈의 여신들을 지니고 있는——은 플라톤의 《파이드로스》에 따르면 섬세하고 순결한 영혼이 회상에 잠기도록 하고, 존재, 게다가 존재의 저편——가장 직관적인 부분에 있어서 육체의 눈이 아니라 단지 영혼의 눈으로 해독되는 것, 일상적인 말 속에서는 번역되지 않는 것——이 말하게 하기 위한 가장 효과적인 것들 중의 하나이다.

이쪽은 자신의 수단들을 충분히 갖고 있고, 자신의 유일한 기술적·수사학적인 솜씨를 확신하고 있을 것이며, 저쪽은 '어설픈 시인'의 계열을 형성할 것이다.

시는 유일한 이성의 저편에, 이성이 없이는 눈에 띄지 않는 세계에, 논리적 분석에서 나왔거나 유일한 감각적 지각에 고정된 진리보다 더욱 강력한 진리——매우 근본적인 '전환'의 원천——에 열린다.

그것은 이 두 사람――고대 철학자와 현대 철학자――에게 그들의 시선을, 개념적 한계와 합리적 분석――직접적인 경험이나 행위의 긴급성에 의해 강요된 경계――의 필요하고도 유익한 초월을 향한 것처럼 시적 영역을 향해 돌리도록 가르쳤던 소크라테스와의 어떤 관계가 아닌가?

결 론

진리의 탐색은 처음부터 끝까지 개념과 은유의 상보적인 위상에 관한 성찰이 되었다. 사실상 알레테이아는 그 어원에 있어 신화와 합리적인 철학의 두 영역을 동원한다. 이러한 이중적인 유산의 상속자 플라톤은 **선**이나 **절대**에서 파생된 지위를 진리에 부여할 줄 알았다. 최상위에 있는 것의 표명인 진리는 인간의 인식과 마찬가지로 사물의 존재에 대한 빛의 원리임과 동시에 감각의 원리이다. 진리는 스스로를 찾듯이 스스로 보고, 응시하고, 드러낸다.

철학사 전반은 문제를 지니고 있기도 한 어떤 개념에 부여된 다양한 의미들로 풍요롭다. **고대인들**은 존재와 인식의 진리를 세우는 데 있어 다른 것들——다른 감각 기관·들, 지적인 판단과 사유의 도구들——보다 더 유리한 어떤 인간의 능력이 존재하는지 자문한다. 아우구스티누스 이후에 데카르트는 신적인 존재의 진리가 가치와 본성 속에서 진실에 관한 인간의 모든 탐구에 기반을 둔다는 사실을 증명하려 한다. 직관과 연역법과 같은 특별한 추론 방식들은 모두 오류나 환영의 힘에 타격을 가하기 위한 풍부한 도구들이다. 회의(懷疑)의 경험을 통한 사유의 폭로는 분명히 그들에게 있어서는 진리를 향한 최초의 여정이다.

모럴리스트들은 악과 거짓의 힘들을 통렬히 비난한다. 시인들은 다른 사람들——특히 철학자나 역사가 또는 과학자들——
보다 진리라는 것과 진리가 알려 주는 것을 더 잘 볼 수 있다고
단언한다. 그래서 니체는 예술과 인식 관계들의 해명에 있어,
그에게는 개념의 빈약함·추상화·무미건조함처럼 보이는 것과
관련하여 은유의 풍부함——그 의미 작용의 다양성에서 기인한
풍부함——을 회복시킨다.

  시의 길은 진리의 본성에 관한 탐구와 결코 무관하지 않다. 그
길은 경우에 따라 과학의 길을 준비한다.

  진실로 가기 위한 길은 다양하고, 방법론적으로나 본질적으로
열려 있다.

참고 문헌

ARISTOTE, *La Poétique*, traduction J. Hardy, Les Belles Lettres, 1979.

DESCARTES, René, *Discours de la méthode*, Vrin, 1964.

DESCARTES, René, *Méditations métaphysiques*, traduction F. Khodoss, PUF coll. ⟨Les grands textes⟩, 1963.

KANT, Emmanuel, *Anthropologie du point de vue pragmatique*, traduction M. Foucault, Vrin, 1988.

KANT, Emmanuel, *Sur un prétendu droit de mentir par humanité*, traduction L. Guillermit, Vrin, 1980.

MONTESQUIEU, Charles de Secondat, *Essai sur le goût*, Rivages, coll. ⟨Petite bibliothèque⟩, 1993.

NIETZSCHE, Friedrich, *Ecce Homo*, suivi des *Poésies*, traduction H. Albert, Mercure de France, 1921, *Les maximes et les chants de Zarathoustra: Discours, symboles et images*.

NIETZSCHE, Friedrich, *La Naissance de la philosophie à l'époque de la tragédie grecque*, traduction G. Bianquis, Gallimard, coll. ⟨Idées⟩, 1969.

NIETZSCHE, Friedrich, *La Naissance de la tragédie*, traduction C. Heim, Gonthier, 1964.

PASCAL, Blaise, *Pensées*, édition Brunschvicg, Garnier, 1964.

PLATON, *La République*(VI et VII), traduction E. Chambry, Les Belles Lettres, 1967.

PLATON, *Le Phèdre*, traduction L. Robin, Les Belles Lettres, 1933.

Les Présocratiques, édition établie par Jean-Paul Dumont, coll. ⟨Bibliothèque de la Pléiade⟩, Gallimard, 1988.

ROUSSEAU, Jean-Jacques, *Essai sur l'origine des langues*, Bibliothèque du Graphe, 1969.

SCHOPENHAUER, Arthur, *Le Monde comme volonté et comme représentation*, traduction A. Burdeau, PUF, 1966.

용 어

가능성(puissance): 혹은 **dunamis**. 잠재적 상태, 변화의 잠재성, 어떤 사람이나 사물에게서 실현되는 능력을 가리킨다. 도토리는 참나무가 되는 가능성을 가지고 있다. 아이는 어른이 되는 가능성을 가지고 있다 등.

감각적인 것(sensible): 감각·육체·감정·상상에 의해 지각될 수 있는 것.

관념적인 것(intelligible): 감각적이거나 상상적인 것이 아니라 지적인 이해의 대상.

구제론(sotériologie): sôter('구원')에서 유래. 구원의 교리.

논쟁술(éristique): éristikè(논쟁의 기술)에서 유래. 플라톤에게 있어 궤변술은 일종의 논쟁술이다. 말장난은 싸우는 기술에 해당된다.

누스(noûs): 정신, 생각하는 능력·지성·사유.

대화법(dialectique): 그리스어 dialectikè('토론의 기술')에서 유래. 플라톤에게 있어 영혼이 감각적 현상에서 관념적 실재로 이르는 과정. 진실의 접근 방법과 진실의 인식.

동굴의 알레고리 또는 신화(allégorie ou mythe de la caverne): 플라톤의 《국가》 7권에 나오는 우화. 플라톤은 알기 쉬운 형태로 레미니슨스에 근거한 플라톤적 인식·교육 이론을 설명한다.

로고스(logos): 그리스어로 이성·말·토대·사물의 이치. 종종 신의 로고스, 신의 이성 또는 신의 말씀을 지칭할 수 있다.

마음(coeur): 원리들을 직관하고 직접 바라볼 수 있는 이성과는 다르게 인식하는 능력. 파스칼에 있어서는 신앙의 자리. 그에 따르면 오직 마음만이 신을 지각할 수 있다.

명석 · 판명(clarté et distinction): 데카르트에서 진리의 기준들. 명확한 관념은 주의 깊은 정신에 있어서 분명하게 현전하는 관념이다. 그관념이 진실이기 위해서는 판명해야 한다. 다시 말해 관념을 구성하는 요소들에 대해 정확한 인식을 지니고 있어야만 한다.

모상(image): 그리스어 eikôn, 라틴어 imago에서 유래. 부재중인 감각적 대상의 표상. 플라톤에게 있어서는 변형되고, 기만적이며, 흉내(eidôlon)에까지 이를 수 있는 외양. 모상은 우리에게 단지 진정한 실재(이데아)의 변형된 표상만을 제공한다. 《국가》에서 세 가지 종류의 침대를 참조하라. 관념 속의(본질/eidos) 침대, 목수가 만든 침대): 관념의 모상(eikôn), 화가가 그린 침대): 모상의 모상(eidôlon).

본질(essence): 그리스어 ousia, 라틴어 essentia에서 유래. 실체, 존재, 진정한 실재, 어떤 것의 불변하고 있는 그대로의 본성. 우연과는 대조적으로 사물 그대로의 것, 거기에 표면적인 변화의 차이에 있는 본래의 실재를 부여하는 것. 실존과는 대조적으로 그 관념적인 존재, 그것이 무엇인가를 우리가 파악하는 것, 그 관념. 플라톤에게 있어 미의 본질은 아름다움의 이상적 전형을 가리킨다.

산파술(maïeutique): maieutikè에서 유래. '분만'하는 기술. 적절한 질문과 대답을 주고받는 놀이를 통해 정신을 분만하는 소크라테스의 방법.

송과선(glande pinéale): 라틴어 pinea('솔방울')에서 유래. 데카르트에게 있어 뇌의 바닥에 위치한 '영혼의 자리.' 영혼에 대한 육체의 작용, 다시 말해 정념의 생물학적 장소.(《정념론》, I, §31-32)

신념(croyance): pistis. 플라톤에게 있어, 수학의 선(線) 위에서 감각적 인식의 두번째 수준. 이것은 우리를 둘러싸고 있는 살아 있는 존재, 식물 · 인간이 만든 예술의 대상들과 같은 감각적 대상들을 신뢰하는 데 있다.

엘레아학파(Éléate): 엘레아학파인 제논과 파르메니데스 두 철학자의 고향인 이탈리아 남부의 고대 도시 엘레아에서 발생한 철학. 존재는 불생불멸하는 절대적 일자(一者)로 기술.

연역법(déduction): deductio에서 유래. '이끌어 내는 행위.' '확실하게 인식된 다른 것에서 필연적으로 결론 내려지는 모든 것을 우리가 이해하는 작용.' (데카르트, 《정신 지도 규칙》, 규칙 3)

연장(étendue): 라틴어 extensio에서 유래. 데카르트에게 있어 물체들이 갖는 질료의 본질적 속성.

오성(entendement): Intellectus에서 유래. 지성을 통해 이해하거나 생각하는 능력.

원자(atome): a-tomos(부정 접두사 a, tomos '잘린')에서 유래. 나누어질 수 없는 미립자. 물질의 분할할 수 없는 구성 요소.

유아론(solipsisme): 라틴어 solus('유일한')와 ipse('자체')에서 유래. 생각하는 주체가 자기 자신을 성찰하는 상태로 홀로 존재할 수 있다는 착상.

의지(volonté): 데카르트에게 있어서 하거나 하지 않는, 긍정하거나 부정하는 힘. 그 무한한 역량으로 내가 신의 모습을 하고 있다는 것을 나로 하여금 인식하게 하는 유일한 능력.

이데아(Idée): Idea 또는 '보다'라는 뜻인 idein에서 파생된 그리스어 eidos. 플라톤에게 있어서는 사물들의 관념적 전형, 이상적 존재 유형. 이때 감각적인 것은 그 모방일 뿐이다. 아리스토텔레스에게 있어서 이데아는 실재 존재에게 있어 질료와 분리할 수 없는 형상. 좀더 일반화시키면 사유 대상에 대한 예지적인 상(相). 데카르트는 이데아를 다음 세 가지로 구분한다. 본유 관념은 신에 의해 인간 속에 놓여진 진리의 씨앗이다. 우연적 관념은 경험에서 발생한다. 형성 관념은 상상에 그 근원을 둔다.

인식(science): 또는 epistémè. 플라톤에게 있어서는 수학선의 마지막 선분을 가리키고, 관념적 대상들이나 관념, 철학적 인식의 대상들과 관련된다. 선의 관념이나 절대를 관조하는 것은 이러한 '인식'의 과정이나 완성된 인식의 종결이다.

인식론(épistémologie): épistémè의 학문, 인식의 철학. 인식의 기원과 본질에 관한 학문으로 인식의 원리·방법·결과에 대한 비평적 연구.

전형(modèle): 그리스어 paradeigma('계열')에서 유래. 플라톤에게 있어 **이데아**나 **형상**은 '감각 세계'에 존재하는 모든 것의 전형들이다. 가능한 한 인식과 모방(mimèsis)을 통해 **전형**에 접근해야 한다.

제1원리(premier principe): 라틴어 principium '시작,' princeps '첫번째'에서 유래. 지적인 구성에서 토대가 되는 진리. 때로 절대, 신의 다른 이름.

제3자 배제(법칙)(tiers exclu(principe du)): 혹은 중간 명제 배제 원칙. 모순된 언표들 사이에 어떤 매개물도 있을 수 없다고 정하는 논리학의 원칙. 이것이 진실이면 저것은 거짓이다.

추론적 인식(connaissance discursive): 플라톤에게 있어서는 dianoia. 이것은 수학적 대상들과 같은 보다 열등한 관념적 대상들을 가리킨다. 이러한 인식의 전형은 가설 연역적 유형에 속한다. 이 전형은 증명할 수 없는 가설이나 공리에 근거를 둔다.

추측(conjecture): eikasia. 플라톤에게는 감각적 표상의 가장 낮은 첫번째 수준.(《국가》, 7권, 511e; 7권, 534) 우리는 보고 만지고 느끼는 등의 것을 진실이라고 믿는다. 증거가 없는 직접적인 인식. 대상들의 모상(eikônes)에 관한 여론(doxa)의 첫번째 형태.

행위(acte): energeia 또는 entelecheia. 아리스토텔레스에게 있어 잠재적인 것과 반대되는 것. 완전히 실현되고 완료된 것.

확고부동한 점(point fixe et assuré): 아르키메데스의 텍스트 지렛대의 원리에서 나온 개념. 아르키메데스는 어떤 한 점만 찾을 수 있다면 지구를 옮길 수 있다고 내기를 했다.

회상(anamnèse): 그리스어 anamnèsis(회상하는 행위)에서 유래. 또는 라틴어 reminiscentia(회상 · 상기)에서 유래한 **레미니슨스**. 플라톤에게 있어 학문적 인식은 우리가 이미 전생에서 관조했던 것에 대한 레미니슨스이다. 전생 동안에 영혼은 아직 육체와 결합되지 않았다. "안다는 것은 회상하는 것이다."(《메논》《파이돈》)

역자 후기

현대는 인간의 발명품들로 우리의 감각을 보다 더 잘 향유할 수 있는 가능성을 열어 놓았다. 상상의 영역에 속하던 공간도 인터넷을 통해 많은 부분이 우리의 감각 세계로 들어왔다. 상대적 시간의 단축과 물리적 공간 영역의 와해는 느림과 고독을 우리에게서 빼앗아가 버렸다. 실로 우리는 '감각의 제국'이 지배하는 시대에 살고 있는 것이다. 플라톤은 세계를 감각의 세계인 현상계와 관념의 세계인 이데아계로 나누고, 궁극적으로 전자에서 후자의 세계로 나아갈 것을 역설했다. 이것은 여론(doxa)과 생성(genesis)에서 지성(noêsis)과 본질(ousia), 즉 진리의 세계로 우리의 눈길을 돌리도록 권고하는 것이다. 그렇다면 현재의 우리는 진리 추구와는 거리가 먼 세계에 살고 있고, 더욱이 진리를 추구하는 자는 시대의 흐름에 역행해서 사는 것인가? 우리의 삶은 어떤 것이어야 하는가? 아마도 누구나 자유롭게 살고 싶어할 것이다. 그렇다면 자유롭게 산다는 것은 무엇인가? 자유로운 삶은 주체적인 삶을 산다는 것이다. 또한 자유롭고 주체적으로 사는 것은 시대의 흐름과는 무관한, 진리를 향해 가는 삶이다. 그러나 '진리는 우물 밑바닥에 숨겨져 있어' 눈에 보이지 않는다. 이 보이지 않는 세계, 감각으로 잘 포착되지 않는 진리의 추구는 감각의 동굴에 갇힌 '죄수'가 스스로 빛을 향해 나아가는 것만큼이나 어려운 일이다. 더구나 감각의 시대에 우리가 찾는 진리의 길은 멀고도 힘든 여정임에 틀림없다.

진리의 길들을 탐색하는 것은 철학사 전반에 걸쳐 제기되었던 중요한 문제였다. 《진리의 길》은 철학자들이 탐색해 왔던 이러한 여정에 대해 언급하고 있다. 이 책은 Le Pommier 출판사 Quatre à Ouatre 시리즈 중의 하나로 출판되었다. 1년에 4권씩 4년 동안(Quatre à Ouatre)

철학에 관해 읽기를 권장하는 첫번째 해 책들 중의 한 권이 이 책이다. 원서에는 이 시리즈에 대한 참조 내용이 따로 언급되고 있다. 별도로 싣기에는 부적합하지만 참조하면 유익할 것 같아 여기에 그 내용을 싣는다.

"당신이 철학과 학생이거나 일반적인 지식을 넓히고 철학 연구를 꿈꾸었지만 대학으로 돌아갈 수 없다면, 올해의 4권의 책 《지혜의 성찰》 《진리의 길》 《이데아란 무엇인가?》 《철학의 기원에서》를 읽어보라. 물론 당신은 이 책들을 독립적으로 따로 읽을 수 있지만, 하나의 전체로 생각할 수 있다. 《지혜의 성찰》에 관한 한 권의 책을 통해 '철학 입문'을 시작하기로 했다. 지혜에 대한 사랑과 탐구는 종종 철학 과정의 최종적 목표처럼 언급되었다. 그러나 철학자는 또한 '진리'를 추구한다. 그가 어떤 이론을 구성한다면, 그는 세상·인간 존재·사회 등에 대한 이해에 가담할 수 있다는 사실을 진지하게 수긍하기 때문이다. 따라서 그는 새로운 개념들과 철학에서 기초 '벽돌'의 역할을 하는 관념들을 탐구한다. 앞의 세 저작은 매우 일반적인 방식으로 철학에 접근한다. 반대로 네번째 저작은 철학사의 입문이다. 철학은 기원전 7~5세기 사이에 그리스 문화가 지배했던 지역에서 생겨났다. 철학은 그 기원에 있어 시와 그 시가 뿌리를 두고 있는 신화에서 힘들게 빠져나왔다. 그럼에도 불구하고 철학은 이미 어떤 합리적인 작업으로 모습을 드러낸다. 이 책은 철학적 사유가 형태를 갖추기 시작하는 최초의 순간들을 보여 준다.

우리는 철학 작업에 당신들이 처음 접하는 것과 관련된 원칙으로부터 출발한다. 그러나 당신이 상상할 수 있는 것처럼 어떤 철학 책을 읽는다는 것은 탐정 소설을 읽는 것과 결코 비교할 수 없다. 당신의 선택이 이 책을 진정한 철학 '연구'로 간주한다면 여기 몇 가지 충고를 따르면 좋을 것이다.

첫째, 가까이에 필기구와 종이를 두라.

둘째, 당신에게 중요해 보이는 개념들을 노트하라.

셋째, 그것을 관련된 철학자들과 연결하라.

넷째, 그것을 반복하거나 누군가에게 설명해 봄으로써 살펴본 주요한 이론들을 잘 파악했다는 사실을 확인해 보라.

철학 용어들은 당신이 습득된 지식을 평가하고 텍스트 안에서 살펴본 주요한 개념들을 보다 잘 통합할 수 있도록 도와 줄 것이다. 이 4권 책의 용어들에서 정의된 모든 단어들이 당신에게 익숙해졌을 때, 그리고 그것을 설명할 수 있을 때 비로소 여러분은 다음해 4권의 책을 읽을 준비가 된 것이다.

철학 학습은 철학자들에 관한 독서 없이는 생각할 수 없기 때문에, 참고 문헌은 경험이 없는 독자를 위해 마련된 몇몇 텍스트를 당신에게 제시할 것이다."

일종의 독서방법론으로 제시하는 이 지침은 우리가 어떤 책을 읽을 때 참고로 활용해도 괜찮을 방법이다.

지난 겨울은 행복한 시간들이었다. 몇몇 동료들과 함께 라틴어를 배울 수 있는 기회가 있었기 때문이다. 요즘도 주말이면 그런 학습의 모임은 계속된다. 그런 시간들은 번역의 괴로움을 잠시 잊게 해주는 틈이기도 하고, 성찰의 기회이기도 하다. 그런 기회를 마련해 준 이부현 선생님께 감사를 드린다. 그리고 이 책을 함께 읽고 토론해 준 공정아 · 장정아에게도 감사를 전한다.

2003년 4월 김 승 철

색 인

김승철
부산대학교 불어불문학과 대학원 졸업
문학박사, 부산대 시간 강사
역서: 《동물성》(東文選) 《증오의 모호한 대상》(東文選)

최정아
부산대학교 불어불문학과 박사과정 수료
부산대 시간 강사

현대신서
75

진리의 길

초판발행 : 2003년 4월 20일

지은이 : 안 보다르
옮긴이 : 김승철 · 최정아
총편집 : 韓仁淑
펴낸곳 : 東文選

제10-64호, 78. 12. 16 등록
110-300 서울 종로구 관훈동 74
전화 : 737-2795

편집설계 : 李姃旲

ISBN 89-8038-286-3 94160
ISBN 89-8038-050-X (현대신서)

【東文選 文藝新書】

東文選 現代新書 81

영원한 황홀

파스칼 브뤼크네르

김웅권 옮김

"당신은 행복해지기 위해 사는가?"

당신은 왜 사는가? 전통적으로 많이 들어온 유명한 답변 중 하나는 "행복해지기 위해서 산다"이다. 이때 '행복'은 우리에게 목표가 되고, 스트레스가 되며, 역설적으로 불행의 원천이 된다. 브뤼크네르는 그러한 '행복의 강박증'으로부터 당신을 치유하기 위해 이 책을 썼다. 프랑스의 전 언론이 기립박수에 가까운 찬사를 보낸 이 책은 사실상 석 달 가까이 베스트셀러 1위를 지켜내면서 프랑스를 '들었다 놓은' 철학 에세이이다.

"어떻게 지내십니까? 잘 지내시죠?"라고 묻는 인사말에도 상대에게 행복을 강제하는 이데올로기가 숨쉬고 있다. 당신은 행복을 숭배하고 있다. 그것은 서구 사회를 침윤하고 있는 집단적 마취제다. 당신은 인정해야 한다. 불행도 분명 삶의 뿌리다. 그 뿌리는 결코 뽑히지 않는다. 이것을 받아들일 때 당신은 '행복의 의무'로부터 해방될 것이고, 행복하지 않아도 부끄럽지 않게 될 것이다.

대신 저자는 자유롭고 개인적인 안락을 제안한다. '행복은 어림치고 접근해서 조용히 잡아야 하는 것'이다. 현대인들의 '저속한 허식'인 행복의 웅덩이로부터 당신 자신을 건져내라. 그때 '빛나지도 계속되지도 않는 것이 지닌 부드러움과 덧없음'이 당신을 따뜻이 안아 줄 것이다. 그곳에 영원한 만족감이 있다.

중세에서 현대까지 동서의 명현석학과 문호들을 풍부하게 인용하는 저자의 깊은 지식샘, 그리고 혀끝에 맛을 느끼게 해줄 듯 명징하게 떠오르는 탁월한 비유 문장들은 이 책을 오래오래 되읽고 싶은 욕심을 갖게 한다. 독자들께 권해 드린다.   — 조선일보, 2001. 11. 3.

東文選 現代新書 18

청소년을 위한 철학교실

알베르 자카르

장혜영 옮김

"무엇을 질문하고 어떻게 대답할 것인가?"

철학은 끊임없는 질문과 답변 가운데에 있다. 질문은 진리에 대한 탐색이요, 답변은 존재와 세계에 대한 해석이다. 우리는 철학을 통해 존재의 근원에 이른다. 이 책은 프랑스 알비의 라스콜 고등학교 철학교사인 위게트 플라네스와 철학자 알베르 자카르 사이의 철학 대담으로 철학적 질문과 답변의 과정을 명쾌히 보여 준다.

이 책에는 타인·우애·정의 등 30개의 항목에 대한 철학자의 통찰이 간결하게 살아 있다. 철학교사가 사르트르의 유명한 구절, 즉 "지옥, 그것은 바로 타인이다"에 대해 반박을 요청하자, 저자는 그 인물이 천국에 들어갔다면 그는 틀림없이 "천국, 그것은 바로 타인이다"라고 이야기했을 것이라고 답한다. 결국 타인들은 우리의 지옥이 아니며, 그들이 우리와의 관계를 받아들이려 하지 않을 때 지옥을 만들어 낸다고 말한다.

그렇다면 행복에 대해 이 철학자는 어떻게 답할까? "나에게 행복이란 타인들의 시선 안에서 스스로를 아름답다고 느끼는 것입니다"는 것이 그의 답변이다. 이 책은 막연한 것들에 대해 명징한 질문과 성찰로 우리가 새로운 질문을 던지고, 스스로 그 답을 찾을 수 있는 실마리를 제공한다.

東文選 現代新書 42

진보의 미래

도미니크 르쿠르

김영선 옮김

과거를 조명하지 않고는 진보 사상에 대한 미래를 예견할 수 없다. 진보라는 단어의 현대적 의미가 만들어진 것은 17세기 베이컨과 더불어였다. 이 진보주의 학설은 당시 움직이는 신화가 되었으며, 공산주의자들이 그것을 계승한 20세기까지 그러하였다. 저자는 진보주의 학설이 발생시킨 '정치적' 표류만큼이나 '과학적' 표류를 징계하며, 미래의 윤리학으로 이해된 진보에 대한 요구에 새로운 정의를 주장한다.

발달과 성장이라는 것은 복지와 사회적 화합에서 비롯된 두 가지 양식인가? 단연코 그렇지 않다. 작가는 비관주의에 빠지지 않으면서도 다소 어두운 시대적 도표를 작성한다. 생활윤리학 · 농업 · 환경론 및 새로운 통신 기술이 여기서는 비판적이면서도 개방적인 관점에서 언급된다.

과학과 기술을 혼동함에 따라 사람들은 무엇에 대해 말하고 있는지 더 이상 알지 못한다. 정치 분야와 도덕의 영역을 혼동함에 따라 무엇을 생각해야 할지 또한 더 이상 알지 못한다. 작가는 철학의 새로운 평가에 대해 옹호하고, 그래서 그는 미덕의 가장 근본인 용기를 주장한다. 그가 이 책에서 증명하기를 바라는 것은 두려움의 윤리에 대항하며, 방법을 아는 조건하에서는 모든 사람이 철학을 할 수 있다는 점인 것이다.

東文選 現代新書 1

21세기를 위한
새로운 엘리트

FORSEEN 연구소 (프)
김경현 옮김

우리 사회의 미래를 누르고 있는 경제적 · 사회적 그리고 도덕적 불확실성과 격변하는 세계에서 새로운 지표들을 찾는 어려움은 엘리트들의 역할과 책임에 대한 재고를 요구한다.

엘리트의 쇄신은 불가피하다. 미래의 지도자들은 어떠한 모습을 갖게 될 것인가? 그들은 어떠한 조건하의 위기 속에서 흔들린 그들의 신뢰도를 다시금 회복할 수 있을 것인가? 기업의 경영을 위해 어떠한 변화를 기대해야 할 것인가? 미래의 결정자들을 위해서 어떠한 교육이 필요한가? 다가오는 시대의 의사결정자들에게 필요한 자질들은 어떠한 것들일까?

이 한 권의 연구보고서는 21세기를 이끌어 나갈 엘리트들에 대한 기대와 조건분석을 시도하고 있으며, 구체적으로 그들이 담당할 역할과 반드시 갖추어야 될 미래에 대한 비전을 제시하고 있다.

본서는 프랑스의 세계적인 커뮤니케이션 그룹인 아바스 그룹 산하의 포르셍 연구소에서 펴낸 《미래에 대한 예측총서》 중의 하나이다. 63개국에 걸친 연구원들의 활동을 바탕으로 세계적인 차원에서 우리 사회를 변화시키게 될 여러 가지 추세들을 깊숙이 파악하고 있다.

사회학적 추세를 연구하는 포르셍 연구소의 이번 연구는 단순히 미래를 예측하는 데에 그치는 것이 아니라, 미래를 준비하는 자들로 하여금 보충적인 성찰의 요소들을 비롯해서, 그들을 에워싸고 있는 세계에 대한 보다 넓은 이해를 지닌 상태에서 행동하고 앞날을 맞이하게끔 하기 위해서 이 관찰을 활용하자는 것이다.

東文選 現代新書 109

도덕에 관한 에세이

크리스티앙 로슈 外

고수현 옮김

전쟁, 학살, 시체더미들, 멈출 줄 모르는 인간 사냥, 이보다 더 끔찍한 것은 살인자들이 살인을 자행하면서 느끼는 불온한 쾌감, 희생자가 겪는 고통 앞에서 느끼는 황홀감이다. 인간은 처벌의 공포만 사라지면 악행에서 쾌락을 얻는다.

공민 교육이라는 구실하에 학교에서 도덕을 가르치는 것에 대해 찬성해야 할까, 반대해야 할까?

도덕은 가르칠 수 있는 것일까? 도덕은 무엇을 근거로 세워진 것인가? 도덕의 가치를 어떻게 정의내릴 수 있을까?

세계화라는 강요된 대세에 눌린 우리 시대, 냉혹한 자유 경제 논리에 가정이 짓밟히는 듯한 느낌이 점점 고조되는 이때에 다시금 도덕적 데카당스를 비난하는 목소리가 높아지고 있다. 물론 여기에는 파시스트적인 질서를 바라는 의심스러운 분노도 뒤섞여 있다. 또한 다른 사람들에 대한 온화한 존경심에서 우러나온 예의 범절이라는 규범적인 이상을 꿈꾸면서 금기와 도덕 규범으로 되돌아갈 것을 요구하는 사람도 있고, 교훈적인 도덕의 이름을 내세우며 강경한 억압책에 호소하는 사람들도 있다.

하지만 어떻게 억지로, 혹은 도덕 강의로 도덕적 위기에 의해 붕괴되어 가는 가정 속에서 잘못된 삶을 사는 청소년들을 '일으켜 세울' 수 있다고 생각할 수 있는가? 도덕이라는 현대적 변명은 그 되풀이되는 시도 및 협정과 더불어, 단순히 담론적인 덕을 통해 사회 문제를 해결하지 못하는 모종의 무능력함을 몰아내고자 하는 것은 아닐까?

東文選 現代新書 9

텔레비전에 대하여

피에르 부르디외

현택수 옮김

텔레비전으로 방송된 이 두 개의 콜레주 드 프랑스에서의 강의는 명쾌하고 종합적인 형태로 텔레비전 분석을 소개하고 있다. 첫번째 강의는 텔레비전이라는 작은 화면에 가해지는 보이지 않는 검열의 메커니즘을 보여 주고, 텔레비전의 영상과 담론의 인위적 구조를 만드는 비밀들을 보여 주고 있다. 두번째 강의는 저널리즘계의 영상과 담론을 지배하고 있는 텔레비전이 어떻게 서로 다른 영역인 예술·문학·철학·정치·과학의 기능을 깊게 변화시키는지를 설명하고 있다. 이러한 현상은 시청률의 논리를 도입하여 상업성과 대중 선동적 여론의 요구에 복종한 결과이다.

이 책은 프랑스에서 출판되자마자 논쟁거리가 되면서, 1년도 채 안 되어 10만 부 이상 팔려 나가 베스트셀러 리스트에 오르고, 세계 각국에서 번역되어 읽혀지고 있는 피에르 부르디외의 최근 대표작 중 하나이다. 인문사회과학 서적으로서 보기 드문 이같은 성공은, 프랑스 및 세계 주요국의 지적 풍토를 말해 주고 있다. 이처럼 이 책이 독자 대중의 폭발적인 반응과 기자 및 지식인들의 지속적인 반항을 불러일으키는 이유는, 세계적으로 잘 알려진 그의 학자적·사회적 명성 때문이기도 하지만 무엇보다도 언론계 기자·지식인·교양 대중들 모두가 관심을 가질 만한 논쟁적인 내용을 담고 있기 때문이다.

東文選 現代新書 98

미국식 사회 모델

쥐스탱 바이스

김종명 옮김

　미국 (똑)바로 알기! 미국은 이제 단지 전세계의 모델이 아니다. 미국은 이미 세계 그 자체이다. 현재와 같은 군사적·문화적·경제적 반식민 상태에서 우리가 미국을 제대로 바라볼 수 있을까? 우리는 미국을 얼마나 알고 있으며, 또 한국과 미국의 비교는 가능한가? 한편으로는 대북 문제에서부터 금메달 및 개고기 문제에 이르기까지, 다른 한편으로는 병역기피성 미국시민권 취득에서부터 미국 가서 아이낳기 붐에 이르기까지, 사사건건 구겨진 자존심에 감정적으로 대응해서야 어찌 미국을 제대로 알 수 있겠는가.

　본서는 구소련의 붕괴 이후 자유주의 모델의 국가들 중에서 다른 어떤 나라들보다도 더 보편성을 추구하였고, 그래서 전인류에게 모범이 될 만한 사회·정치를 포괄하는 하나의 체계, 즉 완비된 모델을 제시하려고 노력하는 미국과 프랑스를 비교·분석하고 있다.

　유럽의 계몽주의에 뿌리를 둔 미국과 프랑스의 보편주의는 미국과 구소련 사이의 대립 앞에서 오랫동안 인식되지 못했으나, 냉전이 끝난 오늘날에는 이 둘의 차이가 새삼스레 부각되고 있다. 한때 그 역사적 몰락이 예고되었다고 믿었던 미국의 힘이 1980년대말 이래로 전세계에 그 광휘를 드러내고 있으며, 이전의 그 어느때보다도 더욱 전세계에 그들의 행동 양식과 경제에 대한 가르침을 주려는 기세이다. 이와 달리 연합된 유럽을 대표하는 프랑스식 모델은 거의 배타적으로 영향력을 행사하는 미국식 모델 때문에 점점 외부로의 영향력을 상실하고 있고, 내적으로도 그 정체성을 잃어가고 있다.

　바로 이런 시점에서 본서는 유럽의 견유주의를 대표하는 프랑스식 모델과 윌슨주의를 표방하는 미국식 모델이 정치적·경제적·사회적 측면에서 어떻게 다른지를 비교·분석해 주고 있다.

東文選 現代新書 100

철학적 기본 개념

라파엘 페르버

조국현 옮김

우리는 모두 철학을 가지고 있다. 철학의 싹이 우리 속에 있기 때문에 우리는 철학을 할 수 있다. 물론 보편 정신의 철학은 발전되지 못했을 뿐만 아니라 때때로 잘못되어 있다. 이러한 사실을 놓고 볼 때 철학 외적인 입장이 아닌 철학적 입장에서 철학을 교정할 수 있다는 점이 중요하다. 우리는 철학을 밖에서 바라보기 위해 철학 밖으로 나갈 수 없다. 마찬가지로 우리 일상철학의 옳고 그름을 판단할 수 있는 척도를 제시할 특정한 관점을 얻으려고 철학 밖으로 나갈 수도 없다. 보편 정신은 오히려 스스로 이러한 척도를 세워야 하며, 자가 교정을 위한 요소들을 자신으로부터 찾아내야 한다. 여기에 딱 들어맞는 말이 있다. 언어에 대해서 말하기 위한 언어 밖의 관점이 존재하지 않는 것처럼 철학에 대해서 철학하기 위한 철학 밖의 관점이 존재하지 않는다. 철학 밖에 철학적 입장이 존재하지 않는다는 점에서 철학하기의 필연성이 도출된다. 아리스토텔레스는 다음과 같은 딜레마를 통해 철학하기의 필연성을 역설한다. 철학을 할 필요가 없다는 것을 증명하려면 철학을 해야 한다. 따라서 인간은 어떤 경우에도 철학을 해야 한다.

이 책은 철학을 공부하는 학생과 철학에 흥미를 느끼는 일반인을 위한 작은 사고력 훈련 학교이다. 저자는 철학적 기본 개념인 '철학' '언어' '인식' '진리' '존재' 그리고 '선'의 세계로 독자를 안내한다. 저자는 철학의 내용 · 방법 그리고 철학적 요구의 문제에 대해서 알기 쉬우면서도 수준 높게 접근한다. 이 책은 철학 입문서이며, 동시에 새로운 관점에서 플라톤 철학과 분석 철학을 결합시키려고 시도하는 저자의 체계적인 사고 과정을 보여 준다.